しいたけ.の

# 小さな開運BOOK

しいたけ.

マガジンハウス

# はじめに

## 実は、運の受け取り方は「1人ひとりちがう」のです

こんにちは。しいたけ.です。この本を手に取っていただきありがとうございます。

世の中には「成功にまつわる本」や「成功体験といわれるエピソード」がたくさんあります。

その中には「私は若いころから飛び込み営業で、1日○○社回った。そこで得た自信は大きかった」とか「パーティーでたまたま知り合ったのが、今でもよき私のビジネスパートナー、Xさんである」とか、ガツガツした肉食動物的な話が多いと感じます。

そして、僕みたいな人間がそういう「肉食系成功列伝」を読むと「すごいなぁ」と思いながらも、どこか距離ができてしまうのです。

道に落ちている運を、肉食動物のように目ざとく捕まえていく人がいる。幸運が全長50メートルぐらいの木のてっぺんにあったとしても、どんな方法を使ってでも登っていき、つかみとってしまう人もいる。

だけど、運は肉食動物系の人だけに寄ってくるものなのか。

その答えは、NOです。

僕が占いの仕事でわかったのは、「運の受け取り方」は本当に多種多様だということ。1人ひとり、その受け取り方はちがうといってもいいのです。

## 常識はずれの開運法？

たとえば、奥さんに言われて無理やり僕の占い鑑定に来られた男性がいらっしゃいました。その人はかなり特殊な運の持ち主で、話を聞くとおもしろいのです。

会社の上司に頼まれて、得意分野じゃないのに仕方なくやりたくない仕事をやっているうちに出世をし、母親に頼まれて嫌々実家の犬を散歩に連れていったら公園で「その犬かわいいですね」と声をかけてきてくれたのが今の奥さんだった。

そして、「借り手がいないから」と言われて住んでいるのが今のマンションです、というような「嫌々やっていたら運をつかんだ」人。そういう人も世の中には存在します。


「運の受け取り方は、人それぞれでちがう」


くり返しになるのですが、僕が占いという仕事にたずさわって得た、ひとつの結論なのです。

前述の「嫌々やっていたら運をつかんだ人」は、「嫌々やっているとき」に、守りたくなるような、なんともいえない「助けてあげたくなる魅力」を周囲に放っているのかもしれない。

こういう人が「俺は誰かに押しつけられて運を受け取るんじゃなくて、今度借りる家だけは、自分の好きなように選ぶぞ！」とやると、あんまりうまくいかなかったりするのです。

そういう「運のパターン」を持っている人は多いと思います。

人によっては「よし、月曜日からイケメンに会った。今週は私の勝ち！」とか、たまたまつけたテレビで爆笑することが2回続いたとか。

また、時計の数字のゾロ目を連続で見るときはノッているとか、そういう瞬発的なきっかけもあったりする。

冒頭でご紹介したイケイケの成功法だけではなく、「それぞれ異なる運の受け取り方を、うまくまとめられないだろうか？」という話から、この本を書いてみたいと考えました。

本書では「運の受け取り方」を「ａｎａｎ」（マガジンハウス）などでもおなじみの「カラー心理学」にもとづいて解説していきます。

人は性格や嗜好《しこう》を表す「自分のカラー」を持っています。登場するのは全部で18カラー。18ページからの設問に答えていただいて自分のカラーを知り、「ああ、私はこういうタイプなんだ。こういう運の受け取り方がいいんだ」と知ってもらえたらとてもうれしいです。

あ、ちなみに、自分のカラーは何色かあって、だいたい「いちばん強い傾向のメインカラー」と「サブのカラーが1、2個」現れます。この組み合わせが「あなたらしい性格」をつくっています。

ときどき「どの設問も自分に当てはまる気がする」と感じてしまう人もいるかもしれません。

そのときは、設問一覧の左端にある、「ひと言」がしっくりくるかこないかで、そのカラーが自分の中にあるかどうか決めてみてください。

## 今の時代にノッていく

「運の受け取り方」は時代ごとにもあるものです。

たとえば、2019年と2020年はカラー心理学でいうと「水色からエメラルドへの移行期」。水色〜エメラルドの時代の「運の受け取り方」は、こんな感じでした。

「自分の人生にとって何がいいか悪いかを見直していく。他の人の意見をすぐには採用せずに、私はどういう人と交流を持ちたいか、どういう場所に定着したいか、長期的な選択に関係することをじっくり考えていく」

どちらかというと**「閉鎖的、内省的になって、門や壁の修復をする。そのぶん、内部の結束は高まる」という、運の整備みたいなことをやってきた年**でした。

その上で、2021年はカラーでいうと「緑の時代の始まり」。

これは「自分と異なる意見も大歓迎」といった感じなのです。イメージでいうと、お正月に親戚一同が集まって「あの番組がおもしろい」「いや、あれはダメだ」とか、各自が好き勝手に話し合う感じ。

緑の時代の運の受け取り方は、なじみのない話も、異なる意見も「ははあ、絶対おもしろいじゃないですか、それ！」と乗っていくこと。そうすると運が開けていったり、蓄積されたりしていきます。

逆に、**自分の運が切り開かれるとともに、今まで自分に縁がない、苦手だと思っていた「他」や「異」の存在感が、大きくなってきてくる**かもしれない。

**「排他」と「受け入れ」**。これがキーワードです。

これからはその2つが交互に混ざり合い、だんだんと「受け入れ」のほうが優勢になっていく傾向が見られます。

もしよかったら、この本を読んでくださったみなさんの「私はこう思う！」という話もぜひ聞きたいです。「私はこういう流れが続いたときに、運がよくなっていくのを実感する」という個人の体験談もぜひお寄せください。

最後まで楽しんで読んでもらえたら幸いです。

では、さっそく始めていきましょう。

# PART I

# 私に合った「幸せのかたち」

PART II

## 3 〝出会い〟の奇跡を起こす方法

――「一緒にいて居心地のいい人」になる



## 4 折れないココロの極意

――「悪運」と「エネルギー吸血鬼」をシャットダウン！

# 5 どんどん運がよくなる「小さなコツ」
## ──窓を開いて、人生に風を通す方法



幸せの受け取り方

わたしたちが
それぞれ持っている「カラー」。

心の奥深くをのぞいてみれば―
それぞれの人が大切にしている
「幸せのかたち」が見えてきます。

PART

# I

# 私に合った「幸せのかたち」

# 1

# あなたはどこから運をつかむタイプか

## ――カラー心理学で見えてくる「18のパターン」

オレンジ
エメラルド
シルバー
茶色
黄色
青
白
森の色
赤
ベージュ
水色
紫
黒
ピンク
緑
ターコイズ
ネイビー
金色

# HOW TO
# 自分のカラーの調べ方

18～27ページにある各項目をチェック。自分に当てはまる項目の合計を書き込んでいきます。いちばん数が多いのがあなたの色。同数の場合や、7個以上が複数あれば、何色か混在している可能性があります。

みなさんにおなじみのしいたけ．のカラー心理学。僕が長年学んできた「色が持つ力」から読み解くその人の「人生のスタイル」です。

## ❶ 色が複数あっても大丈夫

質問に答えていくと、複数の色が自分に当てはまる——ということもあるでしょう。でも、誰でも3色くらいは持っているもの。どれか強く出るカラーのまわりに、いくつかゆらめくように他のカラーが現れます。

## 赤

- 人にものをすすめるときに「絶対おすすめ」と言いがち
- 年に何回か非日常感を味わうゴージャスな旅に出かけたい
- ハイブランドのものが好き
- 生活の中で背筋が伸びる、ドレスアップする時間が欲しい
- 話題づくりのために、無意識にファッションチェックをしている
- 面倒見がいいほうだ

## ピンク

- SNSの投稿は自作のお菓子などが多い
- キャラものが好き
- LINEのスタンプをたくさんダウンロードしている
- 友だちに囲まれている時間がいちばん幸せ
- 好きになった人の趣味に合わせる
- 話の内容に家族のことが多い
- かわいいものを見ると顔を近づけたくなる

## ❷ 矛盾していると感じてもOK

たとえば、マイペースで落ち着いた「水色」と、にぎやかで楽しいことが大好きな「黄色」のカラーが同時に出ている人は、一見「え？　私はどっちなの？」と思ってしまうかもしれません。その場合は、「どちらも自分」と考えてOK。人間は相反する性格を持ち、環境やつき合う相手によってどれが引き出されてくるのか、ケースバイケースということもあります。ですから、ちょっと矛盾するカラーに思えても、自分の中にはこんな側面もあるのだなと、楽しんでくださいね。

## ❸ 時間がたてば、カラーが変わることがあります

今日の自分と、1年後の自分、5年後の自分はまったく違うカラーであることもよくあります。過去にカラー心理学で調べて自分のカラーだと思っていた色が、なんだかしっくりこなかった——ということはあり得る話です。「あ、私、成長したんだな」と思って、今の自分のほうを大切にしてあげましょう。

- 楽しくなると、声が大きくなる
- すぐにおごってしまう
- いちばんじゃなければ意味がないと考えてしまう
- 感情が顔や言葉に出がち
- 「絶対○○だよ！」と〝絶対〟が口癖

個

- 尊敬する人として、真っ先に自分の親を思い出す
- 甘えられる相手にはとことん甘える。しゃぶり尽くす
- 恋人ができると、恋愛話をずっとしていたい
- 好きな人と24時間一緒にいたい。協力し合いたい

個

## オレンジ

友だちに恵まれていると思う

自分は運がいいほうだという自覚がある

年齢より若く見える

海外旅行は年1回以上行きたい

嫌なことも、寝たら忘れる

つらいことがあったら、耐えるより違う道を検討

よく友だちの家に行ったり、自宅でホームパーティをする

## 黄色

騒ぐのが好き

甘えられる立場にいると、とにかくなにもしない。お任せしちゃう

盛り上げ役になることが多い

おいしいものを食べているときがいちばん幸せ

恋人になると言いたいことが言えなくなってしまう

「今、話聞いていなかったでしょ？」とよく突っ込まれる

## ベージュ

こだわりがあるよねと言われる

自分にとっての〝いいもの〟を選びたい

衣や食などは素材にこだわりがある

ファンになっているお店がある

雑な人がひどく苦手

年齢不詳と言われる

大勢での会話が苦手

夢は隠居

## 緑

よく相談を受けやすく、頼られるとうれしい

よく道を聞かれる

いい奥さん（旦那さん）になりそうと言われたことがある

人が傷ついている姿を見ると、自分のこと以上に傷つく

リフレッシュには海より山を選びたい

短期決戦は苦手

要領は正直あまりよくない

- 行動力に自信がある
- 転職経験があったり、転職をいとわない
- どんなに恵まれていても1〜2年で次の職場を考えてしまう

＿＿個

3年単位でリセット、いろいろな世界を見たい

- 意地悪な人の前では動悸《どうき》がする
- 楽しいことには命がけ
- 「この人は多少ふざけても怒られないかな？」と接する相手の様子を見る
- お腹が減ったり眠くなると機嫌が悪くなってくる

＿＿個

ずっとおいしいものだけを食べていたいなぁ

- 水筒を持ち歩いている
- お店をやったらいいいんじゃない？と言われる

＿＿個

将来は自給自足の生活をしてみたい

- 不思議と人に助けられる
- どんなに怒っていても相手の話を聞こうとする
- よく店員さんに注文を無視されたり、間違えられたりする

＿＿個

お気に入りの商品を大量にストックしがち

## エメラルド

クールに見えると言われる

つるむのや群れるのが苦手

動物の前では「あらあら、そうなのねー」と赤ちゃん言葉になりやすい

休日もいろいろと動き回っている

見かけ以上に硬派。筋が通っていない人は大嫌い

渋すぎる趣味を持っている

中身はおっさんだよねと言われる

## 青

リサーチ好き

食事とファッションにお金を投資する

客観的なエビデンスを重視する

ムーディな雰囲気のお店が好き

計画を立てるのが得意

冷静な部分を自覚している

他人から見て素敵であることを大切にしている

適応力はあると思う

## 水色

おじいさん、おばあさんに好かれる

気をゆるめられるのは自分の部屋のみ

「もう帰ってもいいですか？」が心の口グセ

オンラインで知り合った友だちや知人を大切にしている

同性の集団行動が苦手

2、3年に1回、すべてが嫌になって辞めたくなる。放っておいてほしい

飲み会に行っても2軒目は断る

## ターコイズ

恋人候補になる人は、体の相性も重要なポイント

海と山だったら、海に行きたい

冬の間は夏を待ち焦がれている

露出多めの服が好きで、基本薄着

自分も他人も筋肉が重要

ダメな人間との恋愛も多数

すぐ友だちになれる

- 実はかなりの隠れオタク
- 贈り物を褒められることが多い
- 温厚だけど、キレるとかなり怖い。身内に激しく怒ることがある

個

外見と内面が全然違う。自分の説明が難しい

- 準備してきたことを発揮できないとけっこう落ち込む
- 恋人への理想は高い

個

「はじめは怖い人だと思ってた」と言われがち

- 堅実な暮らしを大切にし、貯金もある
- プライベートは秘密にしたい
- 実は毒舌だ

個

早く家に帰ってゲームがしたいなぁ

- 外国人スターが大好き
- 祭り好き
- 気分が乗らないとすぐ家に帰る

個

夏になると心が騒ぐ。祭り、音楽、ビーチ！

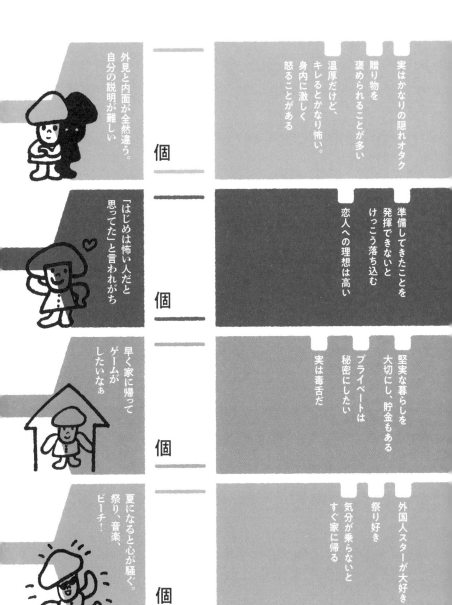

## シルバー

人と合わせるのが苦手

感情がないと
言われたことがある

システムや構築という
言葉に引かれる

気持ちの切り替えが早く、
すぐ次の可能性を試す

定番の服装がある

オフのときは、
仕事の着信を拒否

勉強熱心である

こだわって選んだ
自分だけの
お店リストがある

## 白

人には言えないが
かなり潔癖

仕事ができない
年上の人に厳しい

気を許した人には
ストレートにものを言う

仕事は完璧にこなすが、
休日は
放っておいてほしい

人の短所、
長所を的確に見抜く

疲れてくると五感を
リセットしたくなる。
風景を変えてリラックス

シミュレーション魔

## 紫

歴史にどうしても
引かれる

涙もろい

先輩、後輩など
上下関係を大切にする

ごひいきのチームがある

上品なものに引かれる

話が長いと言われる

知らない人に
おごってしまう

## ネイビー

自分に厳しく、
他人にも厳しい

怒ったら相手を
追い詰めてしまう

馴れ合いが苦手

始めたことは
最後までやり遂げたい

認めた人は
とことん応援する

ミッションをクリアする
ことが生きがい

初対面の人は
信用できるか
よくチェックする

- 頼られると親切だが、営業時間内に限る
- ひとつのことに夢中になると部屋が散らかる

＿＿個

ゆくゆくはフリーランスで自由にやりたい

- 大きい声では言えないが少し霊感がある気がする
- 中学生のような理屈を大切にする
- 失敗はしてもいい。頼ってもらってもいい。反省や改善がない人は無理

＿＿個

なんでみんなちゃんとやらないの?が心の口グセ

- 飲み会が好きで、2軒目、3軒目も行ってしまう
- 損得だけで決めたくない
- 思い出の品を取っておきたい

＿＿個

受けた恩を返し、下の世代へバトンを渡していきたい

- 休日に体を鍛えるなど、ストイックな面がある
- チームワークを優先すべきだと思う
- 長期的視点でものごとを計画したい

＿＿個

仕事モードになるとどうしても手を抜けない

## 茶色

責任感がある

何歳になっても実家が好き。実家に特別な思い入れがある

心を込めることを大切にしている

急に自分のミスを指摘されたりするとパニックになりがち

ログセは「大丈夫」

いきなり深い話をされやすい

相手の話を最後までしっかり聞く

## 森の色

ファッションがかなり我流

好きなものには24時間、365日接していても幸せ

集中すると寝食を忘れる

推しているものをバカにされると絶対に許せない

なにかの強烈なファンである

好きなことは3時間は語れる

空想好き

## 黒

何日引きこもっていても平気

自分が美しいと思ったものがすべて

排他的だけど、認めたものにはとことん優しい

こだわりを持たない人間を信用できない

表面的なことで人を判断しない

変わっていると言われるとうれしい

似たような形状の洋服をいくつも持っている

## 金色

不幸なニュースを見ると、自分がなんとかしなければと思ってしまう

各国の伝統文化を取り入れたようなファッションが好き

ピンチや予測不可能なことがあると楽しいと思ってしまう

借金をしても、それで成長できればOK

自分が大切にしている価値観を共有できないと部下を切ってしまう

肩書きに興味がない

- 手帳やメモに、予定や思ったことをたくさん書く
- 認められない時期と、認められる時期の差が激しい
- 損な役割を引き受けたこともある

＿＿個

ほわーんとしていて素朴な人に見られやすい

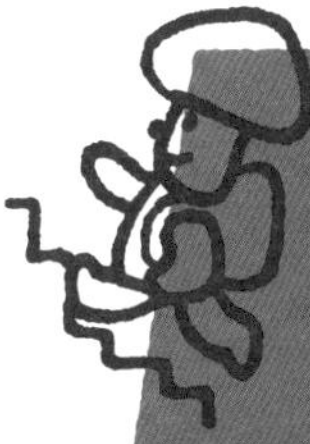

- 小物を組み合わせたり、手作業でなにかをつくったりするのが幸せ
- 好きな分野に関しての行動力が高い
- 「社会生活？ 何それ？」と思っている

＿＿個

私の生活は推しのためにある！

- 目を見て話すのがやや苦手
- 1人の時間がないと死ぬ
- 人間関係をブロックしたくなる

＿＿個

尖っているように見えて集団行動ができないだけ

- 思い立った翌日にニューヨークに行ってしまったりする
- 周囲に起こることが予測不能
- 人生なんとかなると思う
- 奇跡を感じた経験がある

＿＿個

世界を変えて、不幸な人を本気で減らしたい

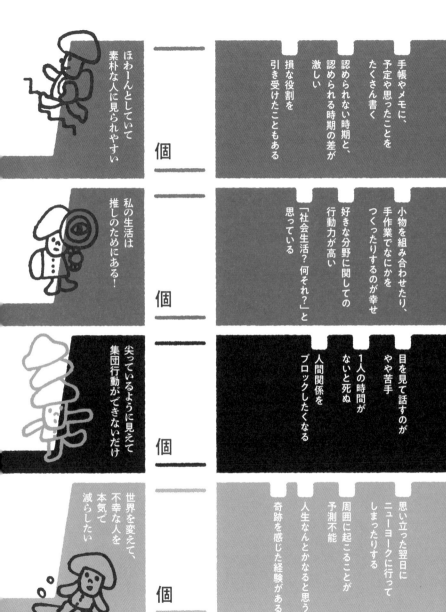

全18カラーのうち、
チェックが多かったカラーはどれでしたか？
次ページから、自分が当てはまるカラーの
「基本性格」をのぞいてみましょう

「本当の自分ってどんな人？」

「まわりからはどう見られている？」

「もっともしっくりくる人間関係や恋愛のスタイルは？」

「気をつけておきたい弱点は？」

あなたの内面には、
どんなストーリーが隠れているでしょうか？

オレンジ
エメラルド
シルバー
茶色

黄色
青
白
森の色
赤
ベージュ
水色
紫
黒
ピンク
緑
ターコイズ
ネイビー
金色

# 赤

## 挑戦する人

### 「パワフル」だから輝く

赤の人はズバリ「挑戦していないと死んじゃう人」。負けず嫌いで、パワーにあふれ、どこにいても個性が際立つ人です。「情に厚い」面があり、とりわけ「○○さんって、姉御肌ですよね」と言われて、周囲から慕われているのは、まさにこのタイプの人でしょう。

仕事でも、なにをやるにしても全力投球。やるからには1位を目指したり、「やっぱりこの分野は○○さんじゃないと」というポジションを獲得したりするために努力を惜しみません。好き嫌いや美意識がはっきりしており、その基準がブレないため、他の人にも同じくらいの情熱をもってものごとにぶつかることを求めます。

だから人が、手を抜きながらのんびりペースで仕事を進めていると「なんでそんなにやる気がないの?」とイラっとしたり、実際にそれを相手にはっきり言ってしまったりすることも。

言葉をオブラートに包んでまわりくどく言うことに価値を置

# ピンク

## かわいい人

### 愛情深く、守り抜く強さ

ピンクの色を持つ人は、「かわいらしい人」。一度自分が愛したものをとことんお世話したり、愛着をもって見守り続けたりします。「信用」を大事にするので、すべてのものごとに対して一生懸命やろうとしてしまい、やりすぎて疲れてしまうことはよくあります。

人間関係でも「この人に尽くしたい」と思える人が隣にいるかどうかがカギになります。人を押しのけて自分がいちばんに成功しようというような野心とはほど遠く、むしろ（性別に関係なく）自分がほれこんだ人を支え、その人に喜んでもらえることが最大のモチベーションになります。

自分から「あれがしたい、これがしたい」と率先してなにかを始めたいタイプではありません。「○○さんはどうしたいの?」と聞かれると、自分でもどうしていいのか戸惑ってしまう——仲のいい人のペースに合わせることが得意で、相手の楽しいことを自分も楽しむという関係性に居心地のよさを見出します。

かないため、攻撃的だと取られてしまうことがあるので注意が必要です。

「それでいいよ」という妥協したようなせりふが嫌いで、「それがいいです」と言い直させることもあります。

日常は志を同じくするような友だちやパートナーに囲まれているのが心地いい。休日は気の置けない友人たち（またの名を「戦友」とも言います）と、きらびやかな場所で食事をしたり、ブラックな愚痴をあけすけに言い合ったりするのが、なによりもエネルギーの補填《ほてん》になります。

また、「ブランドもののバッグを買う」とか「予約の取れない最新のレストランで、素敵な夜を過ごす」など、自分の気持ちを前向きに上げてくれるものに目がありません。

「控えめにする」「遠慮を美徳とする」よりも、自分の気持ちをはっきりと自覚して、自分に忠実に生きることに価値を見《み》出《いだ》します。

反面、「あっ、この人は私が守ってあげなきゃ」というセンサーが働くと、ちょっとブレーキが壊れてしまうことも。

「だめんず」や「どうしようもない人」を放っておけない一面から、勢い余って他人を過剰にお世話してしまう傾向があります。

全力投球でおっちょこちょい。支えたり支えられたりで生きています。

人とともにいるのが好きで、「みんな」がいるからがんばれる。逆に、単独行動が苦手で、孤独には耐えられません。だから、他のカラーの人が「さ、さみしくなんかないんだからねっ！」と意地を張ってしまうような場面でも、「うわーん、さみしいから、かまって～～」と周囲の人にSOSを出すこともできるので、甘え上手ともいえます。

休日もみんなで遊園地に出かけたり、話題のカフェでおしゃべりに興じたり……全員で撮った自撮り写真をSNSにアップすることも忘れません。

基本的に相手思いの世話好きさんなのですが、特に恋愛で好きが高じて顔色をうかがってしまったり、「あなたのことが大事だから」と束縛ぎみになってしまうことも。みんなとすべてを共有するだけではなく、「土日のどちらかの日は1人でいよう」などと自分を抑制するルールを持っているとバランスが取れると思います。

ピンクの人がハッピーになれるのは、自分が長いあいだ愛着を感じているものに囲まれること。子どものころから一緒にいたぬいぐるみや、愛用していた道具など、「おなじみのアイテム」を身のまわりにそろえておくとパワーアップできますよ。また、毎日ちがった人と出会えるような刺激的な環境に身を置くより、「1日の終わりに帰ることができる不変の場所」をしっかり持っておくのがよいでしょう。

# オレンジ

## ネアカな人

### 「どうせやるなら楽しく！」が信条

いったん興味を持つと即行動！　好奇心に任せて行動に移さずにはいられません。まわりから見ると「あまり裏表がなくて、キラキラ輝いている。やると決めたらきっちり結果を出してしまう人」なのです。

もちろんオレンジの人が「まったく悩まない」というわけではありませんが、どちらかというと「そりゃ、悩みもあるかもしれないけれど……。でも、うじうじ考えるより、やっぱりやってみたほうがいいよね！」というぶっつけ本番な心意気が強く出る人です。

一瞬で思い立って海外旅行に出かけてみたり、ちょっと会わないあいだにいきなり引っ越したり、新しいことを始めていたりします。オレンジの人にとって「変化のない日々」は考えられないのです。仕事でも、ある製品が成功を収めたとして、また同じやり方で同じような成功を狙うのではなく、まったくちがうアプローチでちがうヒット商品ができないだろうか……と

# 黄色

## ユニークな人

### 直感で動け！　あと、楽したい

黄色の人は、直感で動いていくムードメーカーです。「興味のない話は聞いていない」一方で、「自分が〝コレ！〟と思ったことはわかりやすく感情に表し、前のめりで行動する」という人。「あっ、これおもしろそう！」「この人と一緒にいたら楽しくなりそう！」という気持ちをなによりも大切にします。

楽しそうに生きているものの、意外と人を見る目はシビア。根底に「楽をして生きたい」という信念があるため、人生修行として苦労をすることはありますが、「面倒くさい」と感じるものに時間をとにかく使いたくありません。行動を抑えつけてくる人や長時間おとなしくしておかなければいけない会議などは苦手です。

恋愛でも「ひと目ぼれ」が、大いにありうるタイプ。ピンときたらそこに運命を感じてしまうのです。

根っから自分に正直に生きているようにまわりから思われるかもしれませんが、実は、黄色の人は内面にとても繊細なハー

考えるタイプ。オレンジの人の「成長したい」「誰もが思いつかないような、もっと斬新なことをしたい」という前向きなマインドセットを評価してくれる組織や人に囲まれると、ますます輝くことができるでしょう。

コミュニケーション能力に長《た》け、話題も豊富。「経験こそが人生の肥やしになる」と考える人なので、話題のネタが豊富です。

いつも自信にあふれて見える人ですが、そのぶん「自分は底が浅いのではないだろうか?」というコンプレックスも抱えています。本来のフットワークの軽さが、反転してしまうのですね。

逆に、オレンジの人をパワーダウンさせるのは「みんなもこうしているのだから、あなたも……」という言葉。人と横並びで強制されること、前例主義で変化のない環境が大の苦手なのです。そういう窮屈《きゅうくつ》な場所にいるときは、さっと逃げてしまったほうが吉。

向上心に乏しい人たちによって「なんだかまわりにパワーを抑えこまれている」感覚は、なによりも体力を消耗させます。

数年単位で衣食住や労働環境のシチュエーションを変えたいという願望が強いです。ミーハーではないけれど、「変化する街や変化する人」のところに住んでいたい。いつまでも少年少女のように目を輝かせて生きていたいのです。

トを抱えています。感情がコロコロと変化するゆえの、ちょっとしたあやうさみたいなものを持っているんですね。

ですから、他の人の「繊細さ」に対しても、とても優しい理解を示すことができます。

この「相手の弱い部分への理解」は、武器にもなる反面、恋愛などではネックになることも。

「この人、表面的には明るくても、実は影を背負ってるんじゃないか……」と考え出すと、関係に踏み込みすぎてしまう傾向があります。

いったん「共感スイッチ」が入ると、「私、嫌われちゃったかな?」「変なこと言っちゃったかな?」と心配が暴走しはじめます。

黄色の人が人間関係で不安の渦に飲み込まれそうになったときは、あえて仕事や勉強、習い事などに打ち込んでみることが大切。そのとき、結果が出るまでちょっと歯を食いしばってがんばってみる。そうして自分の不安を上手にマネジメントできたときに、まわりからもますますかわいがられ、評価が高まります。

キャラをつくってがんばる日が続いた後には、「カバンひとつ持って、1人で旅に出たい」という衝動に駆られます。明るい力を放ちすぎると、急に暗い世界にこもりたくなる。誰にも会いたくなくなったら、ぜひこもってみて。

# ベージュ

## こだわりの人

### 丁寧な暮らしを尊ぶ

　こだわりが強く、センスがいいものに引かれるベージュの人。休日は近所にあるお気に入りのカフェでのんびりくつろぐのが定番です。理想は、コーヒーやインテリアにも店主のセンスのよさが現れた居心地のいい上質なお店。

「衣食住」にまつわることに誰よりも関心が高く、趣味のいい食器やカトラリーにこだわったり、家庭菜園に興味を示す人が多いのもベージュの特徴。

　速いものよりもスローなものを、量産品よりもこだわりの逸品を、にぎやかに過ごすよりも、落ち着いた静かな空間を好む人です。

　その暮らしはまさに、「カフェ・ライフ」の実践。こだわりの産地から取り寄せた食材を使って料理をつくり、居心地のいい部屋を整えるべく海外のインテリアショップを調べたりするのが大好きです。もちろん洋服だってちょっとお金をかけてもいいから、自分が気に入ったデザイナーさんの一点ものを長く

# 緑

## 大らかな人

### 穏やかで人として大きい

　緑の色をまとっている人はズバリ、「いると安心する人」です。緊張感を外に出す人ではないので、安心されすぎて店員さんに注文を無視されることなどもよくあります。

　緑の人が大切にしていることは「みんなが幸せでいるかどうか」「苦しんだり、悲しんだりしている人がいないかどうか」。大勢の人が集まる会やパーティなどでは率先して、緑の下の力持ちを引き受けます。

　どちらかというと、外のお店で集まるより、見知った顔同士で家に集まって、鉄板焼きや餃子を一緒に食べるなど、気張らず庶民的な雰囲気が大好き。みんなが楽しめるような配慮をすみずみまで行きわたらせ、ばっちり空間を整えます。

　コミュニケーションのスタイルはどちらかというと聞き役に回るタイプ。人を押しのけるような人ではまったくないため、みんなの精神的支柱になることができます。

　一方で、あまり自己主張をする機会がないと、「〇〇さんって、

大事に身につけていたいタイプ。

　仕事でもその「こだわり」と、職人的な専門知識を活かして活躍する人が多いでしょう。

　普段からそれほどおしゃべりが好きで、にぎやかな人ではありませんが、趣味嗜好を同じくする人たちとは話が盛り上がることができます。健康の話や社会問題にも関心が高く、「人にフレンドリーなデザインとは何か？」「環境に負荷のかからない暮らしとはどういうものか」ということについて、一家言《いっかげん》持ち合わせている人が多いです。

　食べるもの、着るもの、住む場所など、自分にとって心地のよいものを追求します。流通、設計、生産全般に関心を持ち、友人からは「自分でお店を持ったら？」とよく言われます。「お金を払えばなんでも手に入る」という都市型の生活に疑問を抱き、自給自足を取り入れた生活を目指したり、「引退後は場所を変えて、あの地方に住もう」という野心をひそかに持っています。

　自分が好きなお店や足しげく通っている場所で出会った人など、同じ世界を共有し、ベージュの人が大切にしているものをそっと抱きしめてくれる相手とは、深くかかわっていくことができるでしょう。

　ブログやフェイスブックのようなSNSで長文を書いたり、仲間の考察を読んだりするのが好き。意外と人間関係は広く、各分野のマニアックな人たちとつながっています。


何を考えてるかわからないところがあるね」とか「もっとなにか意見はないの？」と言われてしまうことも。

　そんなときは「自分は○○に行ってみたい」「○○に興味があります」というひと言だけでも相手に伝えると。緑の人の気持ちがわかってもらいやすくなります。

　自分の利益を考えて要領よく立ち回れる人ではないため、損な役回りを引き受けたり、もしかしたら人よりちょっと苦労が多い人生を送っているかもしれません。

　それでも人を利用したり、自分の言動によって他人を蹴落としたり傷つけたりするのは、なによりも緑の人を悲しませることでしょう。もし、人間関係の負のパワーを吸い取って、気分が落ち込んだときは自然に触れてみてください。好きなことはキャンプや山登り。1人でも気の置けない仲間と一緒でも。大事なポイントは、日常とはちょっと距離を取ることです。

　若いころは緑の人の「優しさ」が裏目に出ることもあるかもしれませんが、年を取るにつれ、その「優しさの真価」が周囲の人に認められていくでしょう。それまではどうか「自分なんて地味だしね」などと思わずに、その穏やかさを大切に温めていてほしいのです。

　とにかく他人からの頼みごとを断れません。まだ口にされてもいない他人からの要望をくみ取りすぎて、疲れてしまわないでください。

# エメラルド

## 潔癖主義な人

### 清潔な「仮面オタク」

エメラルドの色を持つ人は、外面と内面にギャップがあります。外側は清潔感あふれるクールビューティー。だけど、家にいるときは「引きこもりのオタク」と化します。自分が徹底的に入れ込んでいる「なにか」を秘めていますが、社会生活を営む上ではそれを明かしません。その「何か」は、料理であったり、アニメであったり、アートであったり、アイドルであったりさまざま。

生き物全般が好きで、爬《は》虫《ちゅう》類などが好きな人も多いです。ひとたび「お気に入り」を見つけたら、とことん追求し、自分の知識も磨いていきます。

一方で、「こだわるところ」と「まったくどうでもいいところ」がはっきりしているのも特徴で、自分のあまり興味がない分野については「安くて物持ちがいいものがベストでしょ？」くらいにしか考えていません。

休日に1人で家にこもって「オタク活動」に精を出すことに

# 青

## カッコいい人

### 「シャイ」と「ロジカル」が同居

青のカラーをまとう人は「カッコいい」自分をなによりも大切にしています。

小さいころから「隠れた闘志」を秘めており、「自分のやりたいことをやっていくためには努力をし、強くあり、必要とされなければいけない」という競争に挑んでいきます。

つねに正確で冷静な自分を保ち、自分なりに積み重ねてきたロジックにプライドを持っています。いつもスマホを片手になにかを調べている勤勉な情報ツウ。

「初めてのデートで行くべき、どこかおすすめのレストランはありますか？」と聞かれたりすると、頭の中のデータベースから即座に何案も候補を出し、論理的に「どこがおすすめか」「相手の性格によってどのお店を選ぶべきか」など、細かく説明するのを好みます。

この能力は仕事でも抜群の効力を発揮し、ゴールを明確にして合理的に物事を進めるため、高い生産性を上げることができます。

なんら問題を感じないので、交友関係についてもそれほど広いタイプではありません。自立心が強いので、人に甘えたり、人に借りをつくるのがとても苦手。人づき合いにも一定の距離を保つため、自分でも「壁の壊し方」をずっと考えていたりします。

恋愛においてもエメラルドの人たちは、「知的な美形」といった人が多いので、むしろモテるタイプなのですが、近づいてくる人には「いえいえいえ、めっそうもない」などと言って、自分からバリアを張りがちです。「自分とは見ている世界が違うけれど、この人ならくだらないことも、まじめなことも話せるかもしれない」という信頼関係が育つと恋心が加速していくタイプ。

興味のない人からのアプローチはむしろ、真顔でのらりくらりとスルー。まずはじっくり腰をすえて関係性をつくっていくところから始めていく人です。

「あなた、そういうことする人なの?」と、勝手に「見た目」でキャラを決められて苦労をしてきたことが多いです。だからこそ、人と向き合うときに様子を見るクセも(防衛本能として)出てきますが、思いきって「親分肌」になると慕われます。「メシを炊くことなら私に任せてよ!」とか、思いきって挙手しちゃうイメージで。

ちょっと短気な部分や、とことん動植物や人に向き合う面もあり、あなたは魅力的な人なのだから。




結果を重視し、成果を出すまで1人で溜め込んでしまうようなところもあり、体力と気力もあるのでつい無理をしすぎてしまうこともあります。

そんな青のカラーを持つ人は、恋愛においても正当に「自分にふさわしい人」、世間の基準から見て高スペックな人を求めます。

素敵な恋愛をしていくための努力も、欠かすことはありません。ただ、「言うべきところと引くべきこと」は知っているし、愛きょうもあるため、つねに人気があります。ある程度年を重ねて「丸くなる」まで、この「自分を高める」感覚は維持されるかもしれません。

しかし、どこかで「1人で戦い、1人で勝ち続けなければいけない」という戦いの感覚に疲れかけて、「なんか本当は、安くてどうでもいいお店に一緒に行ける人がいいんじゃないかな」と思い始めたときに、心が許せて長くおつき合いできる人が現れたりします。

青の色を持つ人は、恋愛でも人間関係でも「完璧じゃない私」「誰しもすべてが完璧にいくわけではない」ということに気づいたときに、人生の転機が始まることが多いです。自分が完璧に整えた状態で、予想外のことが起こってしまった——そんなときにテンションを下げず、予想外の展開もありうると知っておきましょう。

# 水色

## 自分のペースでやりたい人

**大人しそうに見えて芯が強い**

水色を持つ人は大人しそうな雰囲気をしているため、「ちゃんとごはん食べてる?」とか「仕事楽しい?」とか、見ず知らずの他人から心配されることがよくあります。

ファッションや部屋のインテリアなどにはこだわりを持ち、「自分にとって刺激になる人とはつき合う」というふうに、人を見る目も確かで、自分のスタイルを強く持ちます。「業務時間以外の延長戦」に耐えられなく、「早く帰りたい」と願う人のため、束縛や干渉をすべて苦手とします。

大きな声や大きな音、自己主張が激しく押しつけがましい人など、刺激が強いものが全般的に苦手です。五感が敏感なので、静かな環境を望みます。

経済観念もしっかりしていて、若いころから家族に対する考え方も明確。パートナーに高望みをせず、「自分ができる範囲内でしっかり堅実で幸せな家族を持てるかどうか」というのが、このカラーの人が理想とするところです。ですから、好きにな

# ターコイズ

## ノリの人

**エネルギー全開で行こう!**

この色を持つ人は、「ノリノリのときはまわりも驚くほど奇跡的な結果を出せて、気分が悪いと速攻で家に帰りたくなる」というような人です。なによりもフィーリングと野生のカンを大切にし、人との新しい出会いを楽しめる。「あなたってラテンのノリだよね〜」と言われたことも一度や二度ではないはず。初めて会った人とも気軽にハグやボディタッチをカラッと明るくできてしまう博愛の人です。

お酒やビーチ、音楽、フェスといったアイテムやイベントをこよなく愛する根っからの「パーティ人間」。おもしろそうなことには嗅覚が人一倍利きますから、「それいいじゃん! やってみようよ!」と真っ先に飛びこんでしまえるのが強みです。もちろん世界をあちこち旅することも大好き。山より海派。冬より夏派。家に閉じこもるのは苦手なので、冬の時期は「ああ、早く夏にならないかなあ。来年の夏休みはどこに行こうかな?」と考えているタイプです。

逆に、ターコイズの人が苦手なも

る人も「家族」や「家」を強く感じられる人が多いと思います。

「ふとした瞬間にお兄ちゃんに似てるんだよね」というような「自「自分の家族として安らげるかどうか」が基準になるのです。

仕事に対してもあまり大きな夢に憧れるタイプではありません。「私は都会に出てもっと広い世界を見て成功するの！」という野心や、「大声で話される夢」には興味がなく、「仕事はコツコツやれることが大事。決められた時間に決められたことをきっちりこなし、定時で帰りたい」という、マイペースさを大切にします。休日はどこへでも出かけていくほうではなく、むしろ半径100メートル以内の地元ですべてを完結させたい。SNSも最低限です。

人間関係は狭く、深くがモットーで、自分のテリトリーを大事にしています。知らない世界に飛び出してリスクを取るより、「いつメンたち」と心おきなく飲むほうがずっと楽しいと感じるからです。

他人には言わないけれど、夢に向かってコツコツとちゃんとやっていきます。他人の評価が「水もの」であることを知っているから、自分の努力を信じている人。過度に他人に期待はしないで、自分が手掛ける作品やテリトリーをとても大事にしていくのです。コツコツと自分の想像力や表現力を磨いていくため、安心できる庶民的なキャラも持ち合わせており、かなりファンは多くなります。

のは「規則」「規律」「常識」といった枠組み。ルールで縛られると持ち前のパワーが出せないので、「短期集中でパフォーマンスを出しますので、あとのやり方とか時間の使い方とかは自由に放っておいてもらえますか？」と言いたくなるでしょう。

世界中でさまざまなピンチをかいくぐってきたので話のネタには事欠きません。いつも「死にかけた話」「限界を超えた話」などを披露して、まわりを笑わせています。

しかし、しだいに年を重ねるにつれて、周囲が「ノリが悪くなる」ことがあったり、「まとまり出す」とちょっぴり焦ってしまう側面も。そんな自由奔放なターコイズの人のことを「はは っ、あなたっておもしろいね」と言って、楽しんでくれる人と相性がいいと思います。

ターコイズの人にとっての課題は、「少しでも社会に根を下ろす期間をつくること」です。どうしても「旅とスリル」を求めていると長く安定した関係性を築くのは難しくなりますから、土台となる人間関係を築きつつも「1年に1回は思いっきり自分が自分らしくなれる旅に出る」というバランスを保つのがいいかもしれません。

あなたは「会う人に喜んでもらわなければいけない」という気持ちを持っています。たまには行き先を告げないで、自分を休めるための秘密の時間も必要です。「私なりにがんばってきた」と自分を褒める時間も持ってみて。

# シルバー

## フリーランスの人

### 自分でシステムを構築していく

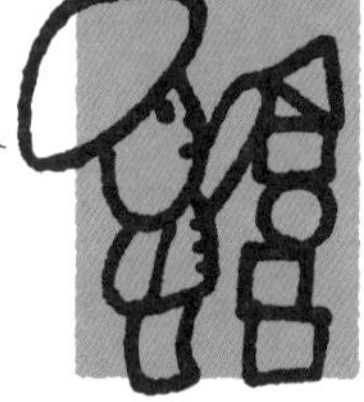

シルバーの人には西欧的な個人主義の感覚があります。つまり、「自分の好きなことを個人で責任を持って追求しようよ」ということ。つまり、ちゃんと働いて貢献をしたら、バカンスでどこへ行ってもかまわないし、人との関係で距離感も必要と考えます。「協調性」や「報告主義」によって、自分の自由やスピードが侵害されることがストレスにもなる。「自分の人生なんだから好きにやりなよ」の信念を常に持っているのです。

　このカラーの人にとって「自分で決めて、自分で実行する」ことはとても大事なことで、「1匹オオカミ」「独立独歩」と称されることもあるかもしれません。

　組織の中にいても、みんなとワイワイ絡《から》みたい……というよりも、むしろ静かに放ってほしい、フリーランス的な立ち位置でいたいタイプ。

　人間関係も「好きになる」までちょっと時間がかかるのですが、好きになったら深く長くつき合うタイプです。「長年かけ

# 白

## 嘘を見抜く人

### 「純粋さ」と「鋭《するど》さ」

白のカラーを強く持つ人はかなり激しい「表の顔」と「裏の顔」の二面性を持つ人です。これは「あの人って裏でヤバいことやってるのよ」という類の二面性ではなく、表はバリバリ仕事ができる人なのに、裏側は「5歳からずっと変わらない純粋さ」を持ち合わせているという意味。子どものころに好きだった音楽、アニメ、漫画……そういったものをずっと心の中で宝物のように大切にしているのです。

　大人の「分別」や「常識」や「慣例」などを理解する能力がある一方で、そういったことに縛られるのを嫌います。「自分だけの聖域」や「純粋な自分時間」を持っているのも特徴です。

　頭の回転が速く、何事も冷静に分析して見せる大人の自分の中に、「無邪気で正直で、ときに傷つきやすい中学生のハート」が同居している不思議な感覚。だから、「純粋さ」や「素直さ」「一生懸命さ」を忘れた汚れた大人のことは大嫌い。そんな人が目の前に現れると一瞬でセンサーが働き、「あっ、私、この人、

て築き上げてきた自分だけの世界観」を、他人に乱されるのをとても嫌う人なのですが、むしろ面倒見はいいです。ただ、親密なパートナー同士になったとしても「この分野に関しては口を出さないで欲しい」とか、お互いの距離感を大事にします。一緒に住むようになっても、自分の部屋は欲しいタイプです。

基本的にすべてのカラーの中で、もっとも「個人行動」が多い人なのですが、相手の持つ世界観が「センスがいい」「おもしろい」人だったりすると、尊敬できる相手としておつき合いがうまくいきそうです。

ちなみに、仲のいい友だちはいますが、あまり自分の趣味の世界に巻き込むようなことはしません。

ここでも自己完結的なので「他人を喜ばせること」や「他人から自分が好きなものへの評価を受けること」の重要性を感じないから。

友人からは「水くさいなあ」「ドライだよね」と言われることがしばしばあると思いますので、あえて「そうだよね」「気持ち、よくわかるよ」と、共感の言葉をひと言投げかけてみると、人間関係がもっとうまくいくでしょう。

もともと研究熱心で、ユニークな世界を持っている人ですから、それを周囲の人たちと分かち合う時間を持つだけでこのカラーの人の強みがさらに活かされます。

キライ!!」という直感的判断をしています。

逆に、相手の「純粋な才能や個性を認める」嗅覚もピカイチ。自分がこれと思った相手を認め、見守り、お世話をしたりアドバイスしたりするなど、どこか母性的な力を発揮します。

普通の人ではちょっとあつかいづらいような人のことも「あの人は才能がすごいのよ」などと言って、放っておけないタイプ。一般的な尺度からするとちょっと刺激が強い相手に引かれる、「ムカつくけれど、なぜだか放っておけない」というような腐れ縁気質があります。

非常に頭のいい人が多く、「どうしたら周囲がうまくいくか」ということを俯瞰《ふかん》的に見て、シミュレーションするクセがあります。ですから、周囲の和を乱す人がいたり、チームの中で理不尽なことがあったりすると白のカラーの人の純粋さが大爆発。「ここはあなただけの場所じゃないのよ！」と激しく怒ることも。

ひとたび自分の中の子どもスイッチが入ると、「いいこと」も「悪いこと」もあまりに素直に口に出してしまうため、相手に「どこまで言っていいか」については少し立ち止まって考える必要があるかもしれません。

口げんかでは負けないので、たまに自分の言い分よりも先に相手の言い分を聞くと、もっと素敵な中学生になれます。

# 紫

## 高貴な人

### 自然と慕われる苦労人

このカラーの人をひと言で言い表すと、「苦労を乗り越えてきた人」。

さまざまな人生経験をへてきて「生き方の流儀」を身につけているので、周囲からも慕われる人です。損するか得するか、というような場面に出くわすと、なぜかまわりに得させて、自分は損を取るような不器用な人。

紫に人望がある理由は、相手の状況や立場によって自分の姿勢を変えないからです。仕事ができる人のさみしさも見抜くし、今、もがいている人のつらさにも共感する。そして、優しいだけではなく「今回は自分でやってみなさい。あなたならできるから」と、相手を突き離すことができる強さもちゃんと持っています。

「今の自分は自分ひとりででき上がったのではない。まわりの人のご恩があってこその自分なのだ」という思いが強いため、お世話になった人への「報恩」は忘れません。

恩のもらいっぱなしには厳しくて「今回は私だからよかった

# ネイビー

## ストイックな人

### どんな難題も任務遂行！

ネイビーの色を持つ人は、いわば「現代の戦士」。この人生で何を目標にし、何と戦い、そのためにどういう戦術をとるかをきっちり考えて遂行していく人です。

この色を心の中に秘めた人がワクワクするシチュエーションは「生きるか死ぬか」のような賭けに出るとき。目標設定が難しければ難しいほど燃え上がる……というハードモードがやる気をかき立てるのです。

他のカラーの人が「難しいけれど、これも人生の肥やしだと思って楽しみたいと思います」などといろいろ言い訳をする場面でも、ネイビーの人は「いえ、これが任務っすから。やるだけです」とあくまでもストイック。

自分に厳しいのは当然ですが、まわりの人にも同じレベルを求めますから、自他ともに認める「努力の鬼」といった雰囲気です。このカラーを強く持つ人のポリシーは「結果がすべて」。ですから、どんな手段を講じてでも、きっちり結果を出していけど、他の人だったら相当怒っていたと思うよ」と抜けがけして自分の手柄にする人を呼び出して詰問したりします。

　面倒見がよく、弱っている人を放っておけないため、「慕われること」が恋愛に結びつくことが多いです。ただ、紫の人は「やる気も能力もあるのに、ちょっと不器用であるがゆえに人生がうまくいっていない」とか、そういう「翼の折れた白鳥のような人」を好きになる傾向があります。

　あるいは、みんなのことが平等に大事だから、誰かひとりの人と深いつき合いになることをためらってしまう……などというのも紫の人の特徴です。

　どこか「お侍さんの忠孝を背負っている人」なので、歴史的な建造物や古い文化も大好き。休日は歴史にまつわる本を片手に、有名無名の史跡を回る旅をする……なんてことが大きな癒やしにつながります。

　一方で、苦労をして人間関係を悟っているからこそ、人と一緒にいることがあまり苦痛にもなりません。世の中の酸いも甘いも理不尽も噛み分けてきたので、「人を助けてこそ、いいチャンスがめぐってくる」という考え方でいることも多いでしょう。だから人望を集めるのですね。

　そんな紫の弱点が。自分の哲学がしっかりしているがゆえ、話し出すと長くなること。持論はちょっと控えめに、サッと切り上げるのが潔いかもしれません。


くことが特徴です。人が2倍努力するなら、ネイビーの人は3倍、いや、5倍努力する。当然、仕事は超絶デキる人なので大きなプロジェクトを任されたり、上司からの信任も厚いでしょう。でも、そのぶんちょっとワーカホリックぎみになりがちなので要注意。

　休みの日もジムに行ってトレーニング。オンオフともに、いちどこうと決めたら結果が出るまでやり抜きます。

　中途半端な人や、口では「やるやる」と言いながら実行できていなかったり、結果を出せていなかったりする人が、なによりも許せません。年齢とともに丸くなり、昼間は怖いけど夜は飲み会で後輩にからかわれたりすることもあります。

　とことん突きつめたり、ものごとをミッションで考えがちですので、自分にも他人にも「厳しくなりすぎる」ことには気をつけてください。

　他人に媚《こ》びようとは言いませんが、少し「遊び」や「余裕」を意識すると人間関係もさらにうまくいきます。どうしても真顔でプレッシャーをかけることを言ってしまったりするので、ちょっと笑顔を増やしたり、感情表現は大げさなくらいでOK。

　恋愛でもついつい相手のハードルを上げがちですので、「自分の欠点を認め、相手の欠点もフォローする」という変化が出てきたときに、運命的な関係を深めることができるでしょう。

# 茶色

## 誠実な人

### コツコツ積み重ねが実を結ぶ

茶色の人は、瞬発力より地道な努力の積み重ねの人。パッと直感的にひらめいてパパッと解決していく――というより、同じ問題を何度もくり返し考えることで、いつしか誰にも到達できなかったようなオリジナルな答えにたどりついていくタイプです。

何層も積み重なった大地が、その上に美しい花を咲かせるように、実は茶色の人のひそやかな輝きの裏側には長年のコツコツとした試行錯誤があるわけです。

外見はのんびり屋さんに見えるけれど、ものごとを納得がいくまで調べたり、自分の足でどこへでも出かけて確認するなど、粘り強さが強みです。

仕事においても茶色の人が大切にしているのが「昨日より今日、今日より明日の私のほうがよくなっている」ということ。今の自分がひとつひとつ手ごたえを感じられるような成長を求めます。瞬発力でコツをつかんでいくのは苦手で、時間をかけて深く考えていく傾向があるため、「こうしたらいいんじゃな

# 森の色

## ハマる人

### あくなき探究が幸せをもたらす

森の色というのは、いわゆる「アースカラー」といわれる深い緑や、エメラルドグリーン、ときに茶色なども混ざり合う人で、ひと言で言ってしまうと「究極のオタク」です。

モノづくりなどをずっとやっていられたり、推しへの愛は海よりも深く、24時間３６５日を好きなものに捧げることをいとわない人。

子どものころにミュージシャンやテレビゲーム、なんらか自分が好きなものにハマった経験がある人は多いと思いますが、大人になれば少しずつその濃度と時間配分が変わってくるもの。ですが、森の色を持つ人にとっては「バランスを考えてほどほどに」……なんていう思考回路はありません。

「昨日お休みだったから1日ずっと○○やってたんだ～」と、そのあくなきオタク活動をあっけらかんと報告するようなところがあります。

周囲の人からはちょっぴり変わり者だと思われているような

い？」と軽快にアドバイスをくれる友人などは必要不可欠になります。

また、即断即決を迫られたり、声の大きな人からノリで話をされたり、前のめりに熱量を押しつけられるとひるんでしまいます。

どこか森に棲《す》む小動物のような繊細さをまとっている茶色の人。自分でつくった家具や料理、自分で描いた絵など、「自分でつくり上げたもの」に囲まれていたり、自然と一体化した場所に行ったりすると、ホッと肩の力を抜いてリラックスできるでしょう。

人間関係においては自然とみんなの聞き役として人望を集める不思議な才能を持つ茶色の人ですが、恋愛ではちょっぴり不器用さん。

もともと責任感の強い人ですので、「好きになったからには、最後までおつき合いのスタンスを考えておかなければならない」という考え方をしがちです。

まだお互いによく知らない段階から「私は○○さんのこと好きだけれど、こんな私に好きになられても困るよね！　ごめんなさい、身を引きます。さようなら！」みたいな自己完結思考に要注意。

最初は自分のマニアックな趣味嗜好を全開にせず、相手に小出しにしていくペースぐらいがいいかもしれませんね。


ことがあるかもしれません。

得意なことだと常人をはるかに超えた集中力と能力を発揮しますが、「苦手なこと」もハッキリしているタイプですので、「申し訳ありません。ここは得意ですのでいくらでもやりますが、あっちは勘弁してください」と周囲の人に「できること・できないこと」をあらかじめ伝えておいたほうが、マイペースを守ることができるでしょう。

友人同士でも誰とでもソツなく話せるオールラウンダーではまったくないので、「自分と同じ熱量を持ったオタク同士で推しについて語りまくる」みたいな関係性のほうがはるかに落ち着きます。

恋愛に関しても、18カラーの中で唯一「好きになる相手が生身の人間でなくてもいい」と感じている人です。たとえば、ファンタジー小説に出てくるキャラクター、アニメの主人公、タレント、歴史上の人物などを、「信仰の対象」になるぐらいまで敬愛することもあります。

森の色を動かすものは「自分に感動を与えてくれたものを、陰ながら応援したい。その人が背負っているキツさもわかってあげたい」という、かなり自己奉仕的な気持ちです。

「現実の恋愛と推しへの愛はまったく別物」と、愛情を分けてバランスよく生活している人も多く、動物や子どもなど、「保護する対象になったもの」には惜しみのない愛情を注ぎます。

# 黒

## 創造の人

### 究極の変態的クリエイター!?

黒の色を持つ人は「これ以上ないほど濃密なクリエイター性」を持っています。自分の作品や表現のためなら、地下世界500メートルでも掘り下げてしまえる人。しかもこの色の人がつくり出すものは、大絶賛を受ける100点のものか、みんなにそっぽを向かれる0点のものか、極端な結果になることが多いです。また、仕事は恐ろしいほどできるのに、私生活は人間としてダメダメダメ……など、「常人離れした輝き」と「ポンコツ具合」の落差が激しいところが特徴。

すべてにおいて自分の芯が決まっている人で、「絶対こっちのほうがおもしろいし、うまくいく」という確信的なセンスによって仕事を動かすタイプ。経営者になったり、業界を牽引したりするタイプも多いのですが、逆に新人のころや常識的な上司の下にいる人などは「おまえは社会人としてまったくダメだ!」と説教を食らって不遇の時代を過ごすこともあるかもしれません。ただ、評価されないことに対してダメージを負わず、

# 金色

## 波瀾万丈の人

### 常人に理解されない生き方

このカラーを生きる人は、大きな運命につき動かされ、自分の意思を超えた人生を歩んでいくことが多いです。波瀾万丈《はらんばんじょう》でありながら、それでも知恵と勇気を振りしぼり、強く明るく生きていく人。

とにかく予定調和とは無縁。この色の最大の特徴は「えっ、なんでそんな予想外のことが起こるんですか？　笑うしかない」というような経験が多いこと。

人生のどこかで「数千万円単位の借金を背負わざるを得なくなった」とか「入ろうとした会社が、入社日当日に倒産した」とか、「こんなことって現実に起こるのか？」というようなことが起こりますが、ピンチを逆手に取り、楽しみながら人生の波を乗りこなしてしまいます。まさに常人離れしたパワーとフットワークの軽さを持ち合わせている人なのです。

当人に話を聞いていると、想定外の出来事に翻弄されているふうなのですが、実は苛烈《かれつ》な運命の大波にさらわれることに喜

コツコツと修行を続ける執念があります。

「おもしろいか、さもなくば、死か」という究極的な価値観を持つ人ですので、仕事に立ち向かうときも「大成功か、破産か」というような極端な選択になりがちですし、周囲からは理解が追いつかず「放っておくしかない人」だったりもします。

この傾向は人間関係においても色濃く表れます。自分が「この人はセンスがある」と認めた人にはとことん愛情を注ぎますが、「この人はダメだ」と思ったら即ブロック。黒の人にとって3回センスのないことを言った相手は、これ以上エネルギーをかける必要もないと判断され音信不通に……などということはよくあることです。

恋のお相手としても「常識のワクに収まっていない人」が大好き。スタートは「この人が人生のすべて」というくらい燃え上がります。しかし一方で「人とずっと一緒にいること」が苦手であるため、相手との距離感の取り方の問題でもめ、地獄を見ることもしばしば。そういう「修羅場の踏み方」しだいで、年を重ねるごとに「自分の好きなことに没頭することもいいけれど、ゆっくり大切な人と時間を過ごすことも愛おしい」という気づきにいたります。

結婚式など、人が大勢集まる場所を異様に苦手としているところがあります。人が吐く二酸化炭素の濃さにやられることが多く、放っておいてもらえる時間が欲しいです。

びを感じている節があり、苦労も多いけれど、次から次へと試練を乗り越えていくことに人生の醍醐味《だいごみ》を見出します。

オンオフ関係なくいつも飛び回っており、「ちょっと思い立ったからベトナムにフォー食べに行ってきた」とか「パリの新しいホテルに1泊してみたかったから行ってきた」というような理由から、近所のコンビニに行くくらいの感覚で軽々と国境を越えていきます。

他のカラーの人から見ると、「なんて積極的でポジティブな人生なんだ」と思えるかもしれませんが、その実、「やり抜くこと」の厳しさもちゃんとわかっている人です。

華やかに見えて、芽が出ない期間も成功した日々と同じような熱量で、自分が設定した課題に向き合ってきたから。

人間関係では、ある人と熱心につき合うかと思えば、次の瞬間、興味が他に移ってしまうと、驚くくらいのスピードで忘却してしまいます。そんなめちゃくちゃな人生をおもしろがって一緒に伴走してくれるくらいモノ好きな人や、金色の人の奔放な自由さをおもしろがってくれる人となら相性が◎。でも、あなたを一カ所に引き留めようとしたり、家庭的なワクに押し込めようとする関係性だと、どんどんパワーが下がっていきます。あくまでも「落ち着いた、人並みの暮らし」は向いていないと腹をくくり、「私は私のままで、好きな場所で、自分が美しいと思ったものを見て、楽しいと思ったことをする」というスタンスを保っていきましょう。

# 2 その人らしい「運の開き方」がある

――「悩み」からス～ッと抜けちゃうアプローチ

いよいよこの章で
自分のカラーに合った
「運の開き方」を
紹介していきますよ

「自分らしい属性」がキーワード！

オレンジ

エメラルド

シルバー

茶色

黄色

青

白

森の色

赤

ベージュ

水色

紫

黒

ピンク

緑

ターコイズ

ネイビー

金色

# 頼りになる「年下」を布陣せよ

「今、あなたは何%で生きている?」と聞かれたら、多くの人が「100%でやっている」とは言えないと思うのです。人はどこかでサボっているのが当たり前だし、なんでもかんでも本気を出しているわけじゃない。

でも、赤は100%の人なのです。なにかに対して向き合うとき、自分の中で100%を出していないと気持ち悪いと感じてしまう。もちろんなにもしないでダラダラすることもあるけれど、いざ動き出したら全力を尽くす。そういう「0か100か」の世界に住んでいます。

子どものころから目立つし、リーダーになる力や発言力もあるし、教師や親、大人からも一目置かれる人が多いです。「言うべきことは言う」「おかしいと思ったら黙ってはいない」という精神を持っている。

**赤の運の属性は「勝負系」。**

真剣勝負の世界にあなたの運の居場所があるのです。「多くの人が選ばない」と

いわれることを避けるのではなくて、世間の評価にかかわらず、自分が「やってみたい」と思ったらどんどんチャレンジしてしまう。

世の中のパイオニア（先駆者）と呼ばれている人の口グセは「意外とやってみたらなんとかなった」とか、そういうあっけらかんとしたせりふであったりもします。

赤の運の開き方は、憧れの場所を持つこと。「ここに絶対に来るようになってやる」「絶対にあの人たちと仲よくなってやる」など、自分にとって憧れの場所や人やお店などを前にして、本気の挑戦を宣告するのがいいのです。

飲み会の席で初対面にもかかわらず「私、絶対、将来自分でお店やりたいんですよ」などと言っている人っていますよね。そういうのもすごくいいです。

世の中に対して、まず自分の「やりたいこと」を宣言してしまう。赤には自分にとっての憧れの場所や、まだ手が届かないレベルの話を、必ず「私がいるべき場所」に変えていく意志があります。

赤にとっての理想や憧れは「願い」ではなくて、自分がそこにたどりつくための「ターゲット」なのです。

赤が自分の幸運を実感するときは、自分のまわりがいい方向へ向かって変化して

赤

いると気づいたとき。成功者が味わう上質な食事やきらびやかな世界、名前を聞いただけでうらやましがられるような人間関係が大好きです。

その一方で、それらは自分が努力によってかなえていく理想の副産物みたいなものので、「他人にうらやましがられるような世界」が虚飾を含んでいることを知っています。むしろ、おつき合いとして割り切っている部分すらあります。

それよりも、赤が「がんばってきてよかったな」とか「今の自分は運がいい」と感じるのは、「誰もやっていないことを一緒にやっていく仲間や同志」がまわりにいることです。

自分の運をあつかうときには、仲間、特に部下や後輩に注目してください。確かに、赤は独力の人だし、努力の人だし、行動力の人です。最初にやってくる幸運に関しては、その大部分を「自分の実力」で手に入れていきます。

でも、そこからさらなるチャレンジをし、問題を乗り越えていくときの連続した運の波は、独力ではなく「まわり」からやってくることが多いです。

ですから、「いい運の波」を留めておきたいと思ったら、まわりに対する気づかいがとても重要です。

あなたはどことなく人格的に迫力があります。人生経験も豊富だし、リスクも背負っているし、赤が言っていることはだいたい正しいです。でも、赤は5回に1回ぐらい、堂々と間違っていることがあります（笑）。

そういうときに「なんだよ、私が間違っているならそう言ってよ！」とか「あなただって黙っていたじゃん！」などと、〝負けたくないから強行突破する姿勢〟や頑固な姿勢を取ると、そこから運が漏れ出ていきます。

年下や後輩が「強制的に」じゃなくて、本当にあなたを慕っているかどうかが、赤の運のリトマス試験紙。最終的に「逆らうと面倒くさいから、とりあえず赤の前ではイエスと言っておく人」しかまわりにいなくなると、赤の運の居場所はなくなってしまいます。

強力な運の戦闘集団を形成できる人だからこそ、相手に敬意を払い、どんなに近しい人でもその人の中心にある10％のプライドの部分には口出しをしないというように、放っておく関係でいる。

「言いたいことはあるけど、相手を信頼して、敬意を持ち、あえて言わないで放っておく」を練習すると、ますます運の波に乗っていくことができます。

## 1人で神社に行ってみよう

ピンクのカラーを持つ人は、物心ついたときから「愛」とともにあります。まだ他の子どもたちが幼稚園でおもちゃの奪い合いなどをしている中、親や周囲の大人に向かって「いつも忙しいのにありがとう」と感謝をしたりする。

実体験として知っているわけではないのに、大人の労力をわかってねぎらってくれる。

ピンクは自分の家族や初めて買ってもらったぬいぐるみやおもちゃ、そして、ペットや幼なじみなどを、生涯「自分の大切な家族」としてあつかいます。他のカラーと比べても「人間関係が極端に狭く、末永くひとつの関係を大切にする」からこそ、新規の人間関係を築いていくのは苦手だったりします。

**ピンクの運の属性は「応援系」。**

職場などでも「自分のためにがんばり、競争をし、成果を勝ち取っていく」というやり方はあまり得意ではありません。

# ピンク

PINK

それよりも「いつもこの人は一生懸命資料づくりをしてくれている」とか「私がこの前がんばっていたときに、あの人も忙しいのに協力してくれた」とか、自分が所属しているコミュニティにいる人のよさを発見するのが得意。彼らがみんなのために尽くした労力を尊重し、サポートしたいと願うのです。

「応援系」の運を持つピンクは、さまざまな場所で「みんなの潤滑油」になることが多いです。職場にお菓子を持ってきたり、正規のルートで言えないみんなの不満などを「よし、じゃあ、私が人事部に言っておいてあげるよ」というように、特別ルートで口を利けたりするのです。

ピンクの運の開き方としては、2つあります。ひとつは「私、やってみる」と1人で宣言すること。これは、神社やお寺、自分なりのパワースポットなどで静かに目を閉じて、1人で決心を伝えてみるのがいいでしょう。

というのは、ピンクはやや人の意見に左右されやすいところがあるから。自分ひとりのことでも「誰かに相談してから決めよう」と考えてしまうことがあります。でも、ピンクの運が本当に開けるときは、ちょっと背伸びして、今の自分にとって「実力不相応」に感じることを思い切ってやってみることなのです。

ピンク

その瞬間だけは、まわりの仲がいい人、もしくは、あなたのことを心から大事に思ってくれている人に「え、あなたそういう選択をしたの?」と驚かれても、自分の意志を通したほうがいいです。

運の開き方の2つ目は、「まわりにいる人の勇気や努力を見逃さない応援者になること」。

どんなに小さな努力の欠片《かけら》も見逃さないで「あんたはよくやったよ」とか「いや、先輩すごいっすよ」と伝えてあげる。ちゃんと目を見て「ありがとう」と伝えてあげる。

ピンク自身、今の自分が幸運とともにあると実感するのは、まわりにいる人から目を見られて「ありがとう」と感謝をされるときだから。

ピンクの合い言葉は「一緒にがんばろう」なのです。

自分も自分のまわりにいる人も、1人ひとりの力はそこまで強いわけじゃない。難題にぶつかると、しょげてしまうこともある。でも、自分が得意分野に一生懸命打ち込めるのは、他の誰かが短所をフォローしてくれたり、カバーしてくれたりするからなのですね。

ピンクは、自分のまわりにいる人を「家族」にしていくことができます。それで、いつの間にか「今までできなかったこと」にもチャレンジできるようになる。信頼できる人たちと、自分たちだけにしかできない物語をつくっていく。一緒に泣いて、一緒に笑っていく。

「誰にでもできそうな普通の平凡な物語。でも、実はかなり得がたい、その人のまわりにしかない特別な風景」をつくっていく力があるのです。


ピンクが自分の運をあつかうときにちょっと注意してほしいこと。それは「誰かと強烈に一心同体化しすぎること」です。

たとえば、愛する人になんでも報告を求めすぎてしまう。一緒の時間を過ごしたいあまり、相手にとってみたら「管理されている」と感じられてしまうこともあるからです。

ピンクのゴールは「この人は裏切らない。私の家族だ」と思う人と一緒にいること。しかし、そのゴールが強力だからこそ「この人との時間以外はいらない」となりがちなのです。

自分が打ち込む対象に依存的になりやすいので、ときには1人の時間を持ち、1人で新しい世界を発見していく必要があります。

## 「SNS断ち」でパワーアップ

2、3年に1回、すごく楽しそうに働いていた職場を離れて転職をしたり、新天地でチャレンジを始めたりするのがオレンジです。子どものころから好奇心にもとづいて動いていた性格は、大人になっても、また、おじいちゃんやおばあちゃんになっても全然変わりません。

いくつになっても、バッグひとつで海外に遊びにいってしまうフットワークの軽さがあるのです。

**オレンジの運の属性は「ワクワク系」。**

名前のとおり、ワクワクすることに引き寄せられていくし、オレンジ最大の強みは「思い立ったらやっちゃう」ということです。

小さいころから「集団や所属、みんなの中にいなければいけない」という常識をいっさい持っていないので、いい意味で「重み」がありません。また、「もったいない」という感覚もそれほどない。

# オレンジ

Orange

「貴重な経験かもしれないけど、ここには3年もいたんだから十分」と、1カ所に留まらず、次の新天地へ自分を持っていきたくなるのです。

オレンジの運の開き方は「アポを取っちゃう」という行動に集約されます。普通の人だったらためらってしまうようなことも「わー、この人の考え方、素敵だな。感想を送っちゃおう」と、ためらわずに行動に移せてしまう。

会いたい人には、自分からアポを取ったり、共通の知人を通じて紹介してもらったりする。

オレンジの人脈の広さの理由は、「感想作戦」というのがひとつ。「最近、〇〇さんに話されていたアイデア、すごくよかったですよね」と伝えたり、メールで褒めたりするのはもはや「毎朝顔を洗う」ぐらいの日常行動です。

海外が好きな人が3人集まったら「じゃあ、今度一緒に行こうよ」と言っちゃう。そしてこのカラーの強いところは、残りの2人の予定が合わなくなっても「じゃあ、私ひとりでも行くか」というような、フットワークの軽さ。

計画の変更があっても、一度決めた目的はかなえてしまう強さと実行力もあります。

自分と違う業種の人を集めて意見の交換会をするのも得意です。オレンジは自分の意見に固執することはあまりなく、「おもしろければOK」がモットー。意見がちがう人との間でも対立が起きないし、敵と味方に分かれないような独特のさわやかさがあります。

オレンジが自分の幸運を実感するときは「ONとOFFの充実」が実感できているときです。

最終的に「遊びでやっているのか真剣にやっているのかわからない」という状態が一番〝ノッている〟ときだといえます。

仕事はもちろん、趣味で始めた乗馬や山登りも手を抜きたくない。そして、乗馬や山登りで出会った人脈や考え方も、仕事の役に立てちゃったりもする。

また、「自由にやらせてくれる人」がまわりにいると安心感が持て、もっと伸び伸びとパフォーマンスを発揮していきます。

「やってみたいと思ったことを、やらせてもらえる環境に恵まれている」。これこそが、あなたの幸運の実感なのです。

逆に、オレンジの運が停滞しているときはどうでしょう。

まず、いっさいのSNSから距離を取ります。オレンジって「好調〜普段どおり」の運のときには、インスタグラムのストーリーで「どこどこでごはん食べたよ」などと、楽しい体験の共有を嬉々として行ったりします。世界に対して無邪気なのですね。

しかし、特定の人間関係が面倒くさくなると、ほどよく楽しんできたSNSから離れてしまう。そういうときは、もう一度アカウントをつくり直したり、人員の整理をしたりしてから、SNSを再開してみましょう。

また、オレンジの運が鈍るときは「自分とまわりが喜ぶお金の使い方が減る」ことなのです。

「経験の投資」をすることで成長していくオレンジは、極端に貯蓄に回すと縮こまってしまって、幸運をキャッチする動きも鈍くなってしまうことがあるから注意。

無邪気に、好きに、常識にとらわれない行動を取る子ども――それが運に乗ったオレンジの真髄《しんずい》です。今日もワクワクを発見するために、世界を駆けまわりましょう。

## 仮面を外して、フラッと失踪する

子どものようにいつもふざけていて、朝起きてから夜寝るまでくだらないことをしゃべっていても大丈夫。食べることが大好きで憎めない。

その上で「そんなところまで見ているのか」というぐらい観察眼があって、仕事を終わらせるスピードが速くて有能。

常にみんなを明るくするムードメーカーだけど、本人はわりと心のガードが堅くて、本当に仲よくなる人は少ない。数カ月に1回は誰とも連絡しないで引きこもる。

「どこで買ったの？」と聞かれるぐらいに変なプリントが描かれているTシャツを着ている。「楽しいけど、謎多き人物」。それが黄色なのです。

**黄色の運の属性は「自由行動系」。**

モットーは「人生なんか、楽に生きたい」なのです。

別に自分を削《けず》ってでも嫌いな人に気に入られる必要なんてないと考えているし、自己犠牲という言葉も嫌い。「若いうちの苦労は買ってでもしたほうがいい」なん

黄色

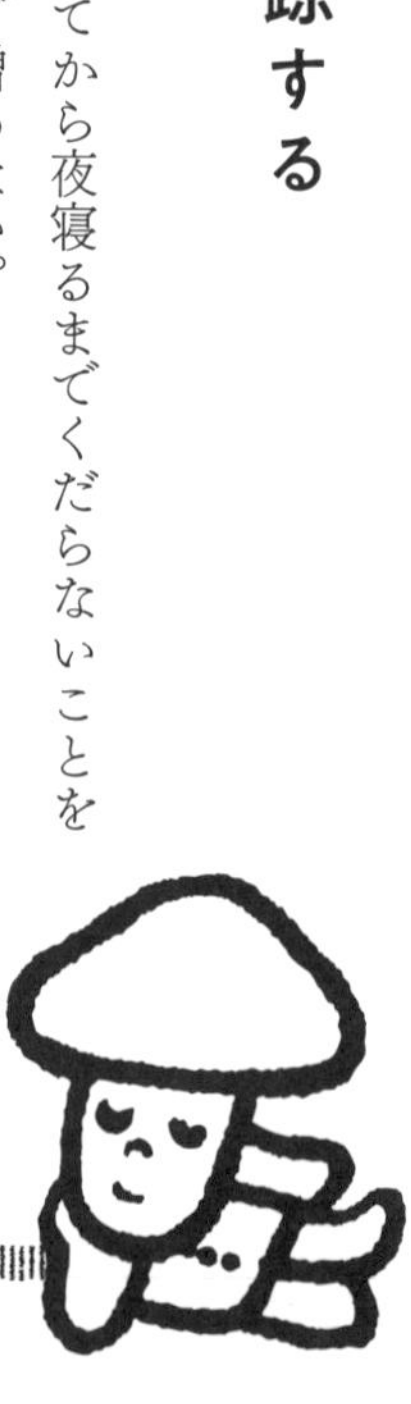

YELLOW

ていう紋切り型のせりふをそのままコピーして伝えてくるような、自分の頭で考えない人も嫌い。

「人生は私が楽しむためにある」と思っている人なので、少数の自分の味方やファンと、レジスタンスのようにうまくこの社会を生きていきます。

仕事も「時間の拘束を受けて報酬を得るよりも、実力と知恵と人当たりのよさで食べていく」というふうに、フリーランス的な生き方をしていくほうが運もめぐってきます。

とにかく頭の回転が速く優秀なのですが、本人も自覚しているようにスタミナは皆無です。だから、拘束や束縛や「おつき合いの時間」が天敵なのです。


黄色の運の開き方は「たまに失踪しちゃうこと」。

黄色って、ちょっとだけ「天空の人」みたいなイメージがあります。だから、地上に降りてみんなのために働いて、家族や誰か好きな人のそばにいてあげて——という「幸せ」は、ずっとやっていると疲れてしまう。少し重力が違うのです。

「なんだかすべてに対してムカついてきた」とか「笑顔をつくるのがしんどくなってきた」と思ったら、プチ失踪をしちゃったほうがいいのです。

もちろん、心配をかけないように「失踪しまーす」と声をかけておいたほうがいいですが、誰の許可も取らずに好きな場所へ行き、好きなものを食べ、ずっと漫画を読んでいるような時間が必要。

黄色は放っておいても楽しいものを発見できる人ですし、おもしろくて有能な人と友だちになる力もあります。

一方で、スタミナを使うので、パワーを再チャージするために、「勝手にやります」という時間を定期的につくったほうがいいのです。

黄色が幸運を実感するときは「私にしかできない人生」を構築したときです。

黄色が人生に対して願うことは何か。それは「ずっとくだらないことを言っていたい」とか「ずっと自分の好きな本や映画を観ていたい」とか、そういう「子どもが子ども部屋で一生懸命願っていそうなこと」なのです。

でも、そういう〝まわりから怒られそうな願い〟をかなえるためには、「まっとうな社会人の仮面をかぶり、パフォーマンスを発揮しなければいけない」ということがちゃんとわかっているのです。

だからこそ、「あー、私、好き勝手にやらせてもらっているな。私はすごいな。

私に感謝だな」と自画自賛ができるときに、黄色の運は好調の波を迎えているのです。

では、黄色の運が低迷しているときはどういう状態か。わかりやすく、顔から表情がなくなります。

何をしたらうれしいのかわからなくなるし、誰かに対して「腹が立つ」と自覚できていればまだいいのですが、「もう、どーでもいいや」と、なげやりになってきたら危険信号だと思ってください。

すぐに、失踪の支度を！

黄色は「自分のやりたいことをやるために、仕方なく〝やらなければいけないこと〟もやっている人」です。

だから、自分を犠牲にして「やらなければいけないこと」や「まわりから褒められること」を背負うと、どんどん運の生気を失っていく。それは、ダメ！

立派な人にはなれないし、なる必要なんてないです。

とにかく自由にやること。「今日もずっとくだらない動画を見ていて最高の1日だった」と言えることが、あなたの素晴らしさなんだから。

## 「五感の旅」に出発！

身のまわりで「あなた、絶対お店やったほうがいいよ」とよく言われる人がいませんか？

そういう人はベージュの可能性が高いです。たとえば、友だちを招いてカレーをつくるような機会があったとして、どうもそのカレーは市販のルーを混ぜただけでは絶対に出ない味がする。

食器なんかも「どこで見つけてきたのか？」と思うぐらいに、こだわりのセンスがある。

ベージュは全カラーの中でも特に「本物志向」が強く、自分が好きでかかわる分野について、プロ顔負けの集中力とセンスを発揮していく人です。

衣食住においても「丁寧な暮らし」の代表者のような性格を持ちます。

**ベージュの運の属性は「部活系」**。

部活といっても運動部のような世界に所属して、体をガシガシ鍛えるという意味

# ベージュ

Beige

ではありません。「月曜日から金曜日は会社に勤めるなどしながら、土日は自分の本格的な趣味に打ち込んでいる」というような形を取ります。

実際、ベージュは仕事をかけもちしている人が多くて、日本酒が好きな人が平日の17時からは日本酒バーの店長になっていたり、本業としての仕事はやりつつ、自分の好きな世界にも本格的にかかわっていたりする。

単なる趣味ではなくて、そこに投資する時間とお金がちがう。研究費として材料、交流、勉強会など、こだわりの世界に投資をすることで幸せを味わうのです。

だから、20代のうちのベージュの平均睡眠時間は短くなる傾向があります。

ただ、何年かその生活を続けたあと、「ダブルワークを辞めて、お店を本格的に自分でやっていくか」と、本業と副業を逆転させて「副業のほうが本業になっていく」という現象が起こってきます。

ベージュの運の開き方は「お客を取ること」が重要。

たとえば、自分が好きな調理法やコーヒーの淹《い》れ方、居心地のいい空間の研究をする。

「自分の好きな世界のよさを、外へ向かって広げていくこと」が、運の開き方に直結しているのです。

だからこそ、ベージュは「自分の好きな世界の提供」を、有料サービスにしていったほうがいいです。

100円でも誰かからお金をいただいたら、プロになれるから。プロとは、相手からお金と時間を使ってもらって「あなたのような人に会えてよかった」と言ってもらえる対象になることです。

お金を取ることによって「この値段だったらまた来たい」といったふうに、その関係は本気の評価の関係になっていく。

ベージュが幸運を実感するときは、「五感の喜び」なのです。

「居心地のよさ」「触り心地のよさ」「味覚の喜び」「安心できるにおい」「暖炉の暖かさ」「癒やされる音楽」など、自分の五感が満足したり、驚きを感じたりしたときに運が開かれていきます。

まさに、ベージュの運は体に根差したものなのです。

自分で体験したことを、自分のモノづくりに活かしていく。そして、いいモノとの出会いを求めて再び旅に出る。それが喜びであり、さらなる運の深化につながっていきます。

ベージュの運が停滞しているときの特徴は「内弁慶」状態におちいっていること。深い専門知識を持っているベージュだからこそ、身内だけのせまい世界で派閥の対立などを引き起こしやすい。

SNSなどで「○○のやり方は本物じゃない」と意見を述べたり、ある専門分野の正当性をチェックしたりする「見回りパトロール」をついついやってしまいがち。抑えるのは難しいかもしれませんが、「小うるさい」状態になって、頼まれていない「批評や非難」をやり出すと運が逃げていくのでご注意を。

「本物のモノづくりを追究していく旅人」。それがベージュの運の本質です。

ベージュの運は「旅」とともにあります。肉体を伴った旅と、あれこれレシピを組み立てていくような感性と頭脳の旅。放浪しつつ、結果を出していくのです。

また、自分がかかわる場所、住む場所などを「ワクワクできるアジト」のように改造していってしまう。

そんな楽しい自由研究を、いつまでも本気で続けていってください。

ベージュ

# 「みんな」を離れて、1人の時間を大切に

緑はひとことで〝いい人〟の代表なのです。

自分の地元の駅でもないのに「あのー、○○会館に行くにはどうしたらいいでしょうか？」と見知らぬ人に道を尋ねられたり、お店に入ったのに注文を見事に忘れられたりする。

緑は「私はなぜか損することが多い」と感じることが多いのですが、まわりからは「安心感を覚え、誠実で、優しい」と、大きな評価を受けている人なのです。


**緑の運の属性は「補助系」。**


「緑の下の力持ち」の言葉どおりに、自分が前に出て目立つというよりは「誰かと協力し合いながら、自分の運のよさも上げていく」というやり方が合っています。

緑がチームにいることで、それぞれの個性が花開き、チーム全体の能力や結束力が上がるようなことが多いです。

多くの人が緑を相手に「親戚や昔からの友だちの中に1人はいそうな人」という

緑

Green

安心感を覚えます。取引先からも「あ、このプロジェクトに○○さんもいらっしゃるんですね。よかったー」と、いい意味で気をつかう必要がなく、リラックスできる相手として歓迎されます。

では、そんな緑の運の開き方はどんなことでしょうか。

それは、「1人で自己満足の時間を追求すること」なのです。

ちょっと説明が必要ですね。緑は「みんなを自宅に招いたホームパーティー」なども好きなのです。みんなに喜んでもらうのが好きだから。

ここまで見てきたように「誰かの補助」や「誰かに喜ばれるための行動」が多いため、まわりにとっては「必要不可欠な人」。

しかし、それをずっと続けると「じゃあ、あなたがそこに行くなら私もつき合うよ」と、ズルズルまわりに対して「NOが言えない関係」になってしまう。

だから、下手でもアウトドアの真似ごとを1人でやってみたり、自分が食べたいものをじっくり時間をかけて1人でつくって食べたりするなど、「自己満足、自給自足」の時間を取り入れてほしいのです。

緑が自分の幸運を実感するときは、実は「本当に満足する、自分だけのオフの時間が取れたとき」なのです。

緑は仕事面においても、プライベートの面においても「あなたがいないと始まらない」というほどの信頼を受けている人。

人柄がいいし、まじめだし、見栄を張らないし、傷ついた人のフォローをし、相手に対して惜しみなく感謝を伝えることができる人だからです。

まわりに必要とされすぎてしまうから、いつの間にか自分のプライベートの時間がなくなりやすい。だからこそ、「おつき合い」や「誰かを喜ばせるため」ではなくて、自分だけの喜びが感じられるオフを何カ月かに1回、定期的に取ってみてください。

そうすることで「まわりによって生かされているな」と実感でき、さらに、自分自身にも充実を感じられる最強の状態になれるから。

緑の運が低下しているときはかなりわかりやすくて、ネットショッピングなどでの衝動的な買い物が目立ってきます。

「いい人」ゆえに、対人関係でハッキリと自分のストレスを表現したり、相手に対して「NO」と言うことが苦手な緑の人。

断ったつもりが結局、相手に押し切られてしまうことも多く、うやむやにされてしまいがち。

仕事を引き受けすぎて「NO」と言えなかったりすると、人が見ていないところでお金を衝動的に使ったり、突発的な散財が目立ってきます。

ですので、衝動買いをしたくなったら、1人の時間を持ってみましょう。自分のために時間とお金を使ってあげて、自己満足をして、回復させてあげること。

自分の運の調整法として「誰かにとって優しい人であることは素晴らしいけど、それによって、自分に厳しくなってしまわないように注意すること」と覚えておきましょう。

回復の仕方はシンプルです。

「今自分がやっていることは〝つき合いの時間〟なのかどうか」。

もちろん、おつき合いは大事ですけれど、嘘のない自己満足、自己充足の時間を、ぜひ〝ワガママ〟になってやってみてくださいね。

緑

## 「お気に入り基地」を固める

エメラルドはちょっと研究者的なのです。

他人に言われたことをそのまま鵜《う》呑《の》みにしないで、自分で追究したいことがあったら考えて考えて考えまくる。

生き方に関しても「ただ誰かに気に入られるためだけに生きる」のではなくて、きちんと自分の意見を持っているし、反骨精神も強いです。

ただ、「自分の意見をすぐに表現するのが苦手」な部分があります。自分の表現に責任を持ちたいから「誰かが言っていたことをそのまま受け売りする」ことはできない。

見た目はとても清潔感があったり、いわゆる「きれい」といわれる人が多いのですが、私生活は意外とズボラだったり、いろいろと謎もあるおもしろい人なのです。

**エメラルドの運の属性は「オタク系」。**

自分で興味を持って研究していくことが、いずれ仕事や新しい人間関係につながっ

# エメラルド

Emerald

ていきます。

多数の友人をつくるというよりは、なんでも言い合える少人数の友人関係や信頼関係を好みます。

人は好きなんだけど、「群れて行動はしたくない」という1匹狼の性質があるから、職場のランチタイムなどもふらっと1人で食べたいものを食べにいきたい。

だから「あの人はちょっと変わっているから」ぐらいのあつかいを早くに受けてしまったほうが、自分の好きなことに時間を使えてちょうどよかったりします。


そんなエメラルドの運の開き方は「秘密基地」と「1人旅」です。エメラルドは「私は1人で好きに生きすぎかなぁ」とコンプレックスに感じていたりします。自分の意見を正直に伝えると「そんな人だとは思わなかった」と言われることも多いから。外見の清潔感やきれいさと、内面のオタク性のギャップがすさまじいのです。「好きなものは深夜のラーメンです」と言っても「人に気に入られようと嘘をついてる」なんて言われちゃうこともある。でも、自分の研究心や冒険心を突きつめて、「1人で好きなものを追究する時間を持つ!」と堂々とやると運が開かれます。

自分の部屋は「自分のお気に入りしか置かない」ぐらいでいてほしいし、定期的に1人旅をして「他人に合わせない時間」を持つと、社会生活とのバランスが取れていきます。

エメラルドの色を持つ人は、さまざまな形の幸せを知る人です。「誰かと食べるごはんもおいしいし、1人で食べるごはんもおいしい」と、孤独や1人の時間の尊さも知る人だから。

そんなエメラルドが幸運を実感するのは「私たちだけの距離感と信頼関係」がつくられたときです。エメラルドって「よく世間でいわれるような幸せの〝平均的な価値観〟」がとても苦手です。

むしろ「結婚しても週に3日は別居していてもいい」というような、独自のルールが持てる人。幸せを勝手に決められるんじゃなくて、ちゃんと話し合って、ルールを決めたいのです。そういう「自分たちのルールづくり」に乗り気で「おもしろそう」と言ってくれる人たちと信頼関係を築けると、最強のチーム運がつくっていけるし、幸運を実感できます。

「粘り強く信頼関係をつくっていく」という行為が、幸運と連動しているのです。

エメラルドの運が低迷しているサインは「私は勝手にやりすぎかな」とか「もっと人に合わせたほうがいいのかな」と1人で考えすぎちゃうとき。

そういうときは「全部がうまくいくなんてあり得ない。自分のやり方を持ったら、5回に4回はうまくいかないことやまわりに気に入られないこともある。でも、私は自分の生き方に誇りを持ちたい」と、自分の筋を通すこと。

そして、周囲にも伝えていくこと。鋭い観察者であるので、他人のよさをちゃんと伝えていくことも大事です。

「自分の人生なんだから、ある程度自分の好きなようにやっていきたい」

そう思えるあなたは素敵なのだから。

「私には強烈な好きと嫌いがある。私の人生において、なるべく私が嫌だと思うことはやりたくない。代わりに、好きなこと、そして、自分が尊敬する人のことはとことん吸収して学んでいきたい」

ちゃんと「好き嫌いと夢」を持つこと。あなたは十分に、リーダーやカリスマという存在になれる人なのです。

## 「おぬし、やるな……」な人を持つ

青のカラーを持つ人はよく「隙《すき》がない人」といわれます。

交友関係も広いし、ハッと目を見張るようなきちんとした服装、時計、靴やバッグにいたるまで手入れが行き届いていたりする。ただ、めったなことで自分の武装を解くことはしません。

世の中で「スペックが高い」といわれているものをちゃんと学習し、取り入れる。「我が道を行く人生」というよりは、「今、この社会の中で流行っているものは何か」を分析して、自分の身の置きどころや能力の発揮の仕方を考えていく。そういった「学習と分析と調査」が得意なのです。

**青の運の属性は「リサーチ系」。**

研究と自己訓練を欠かしません。

たとえば、少し面倒くさい取引先の担当者がいても、会食の席で心を通じ合わせることができる。

「ちょっともう、何言ってるんですか、○○さん。やだなー。アハハハ！」とか返せる。ちゃんと相手を観察して、相手の利益になるような情報もリサーチして届けることができる。相手からは「よく私の好きなお店がわかりましたね」なんて褒められたりする。

磨かれた〝人たらし〟としての力と、時間を惜しまず流行のお店や人々の動向を調べ上げる能力からもたらされる恩恵です。

青の運の開き方は「意識して、感謝される人を目指す」こと。自己修行のような道と強く結びついています。

というのは、青は「現代競争社会の申し子」のような部分があるからです。「自分が見ている世界を変えていきたいなら、それなりの覚悟とリスクも背負わなければいけない」という、「勝負に勝つための冷徹な戦士」になれる可能性もある。

それゆえに「利用する」「利用される」という人間関係も受け入れます。実際、そこから名声や立場やお金を手に入れていく青の人は多いです。

でも、青にとっての真の運の開き方として、「見返りを求めない投資」も大事になることは覚えておきましょう。

「このお店、絶対に人気出ないんだけど、私はすごく好きなんだよね。だって、おでん屋さんなのに具が3つしかないんだよ?」とか。

お店でも人でも「好き」とか「かわいい」という理由で応援してみる。人を許してあげることも意識する。その行動によって、あなたのまわりの人たちが「鎧《よろい》の下に隠された温かい素顔」を感じ取っていきます。

青が自分の幸運を実感するとき。それは一流の実力者と高級店でおいしいお酒を飲んでいるときや、自分にしかできない組み立て方で、評価を集める仕事を完成させるとき。

そして、努力の末につくり上げた住まいを眺めること。そして「まだこんなことで満足はできない」と、つねに自分を奮い立たせる自分がいること。

そう、青はさまざまな場面で自分の幸運を実感できる人でもあります。「私ってすごくない?」と素直に自分に対して喜べる人でもあるから。

でも実は、青が自分の特別な幸運を実感するのは、先述のような「自分の利益に合わない、応援としての〝好き〟を実践しているとき」であったりします。

「なんで私こんなことやってるんだろう?　私にとってなんの得にもならないのに。

ま、いっか」と言っているときは、「計算によっては手に入らない、予測を越えた大きな運」の入り口に立っているケースが多いです。

青の運が低迷していく場合はどうでしょうか。それは意外にも「連戦連勝」をしているとき。そこに落とし穴があったりする。

自己訓練とリサーチと「絶対に負けない」という胆力の人だからこそ、努力をしていない人がすごく嫌いです。

「勝つこと」は、自分の努力や能力が証明された結果。だから「努力や工夫のない人を嫌う性質」に拍車がかかる場合があるのです。

勝つほどに、他人のいいところを認め、リスペクトしていくことができるか。

青が本当の意味で「自分にしかない運」を開いていくのは、「自分と違うやり方をする他者を認める」という視点を持てるようになるとき。

「私にはできない。負けてたまるか」から「私にはできない。この人、すごい」と認められる人になったあなたは、最強です。

## 共感してくれる仲間をつくる

水色のカラーを持つ人はよく「おとなしい」という印象を受ける人です。

自分の意見は持っているのですが、そこまで強く自分を出さない。

身も蓋もない言い方をすると「放っておいてほしい」と願うからです。

人間嫌いなわけではなくて、極端に自立をしている人です。自分で勉強していきたいし、休日の予定も自分で決めたい。自分の美学なり行動様式を強く持っているけれど、極端にマイペース。「他人に尽くしたぶんだけ、自分の時間も欲しい」ということです。


**水色の運の属性は「コツコツ系」。**


集団の中にいても、目立つタイプではありません。むしろ、干渉を避けるためにみずから気配を消していることも多い。

ただ、「個人の行動力」はすごいものがあって、自分ひとりでお気に入りのお店を開拓したり、コツコツとキャンプの道具をそろえて休日の楽しみ方を増やしていっ

たり、仕事もいつの間にか「自分にしかできない専門分野」でフリーランスになってしまったりします。

目立ちたい気持ちが皆無。だけど、自分でゴールや目標を持ち、どんどん世界を広げていく。

水色の運の開き方は「適度に距離を保てる同志を持つこと」。

あなたのすごいところは、精神年齢の幅広さです。小学生みたいなくだらないことを言い合うのも大好きであると同時に、「生きるとは何か？」というような、哲学的なこともずっと考えている。

だからこそ、水色の運の発揮には「水色のことを好きな人、つまり理解者」が必要なのです。

「あの人はね、ちょっと放っておくほうがいい仕事するんだよね」とわかってもらえたり、たまに集まって夜中の2時まで熱く語り合ったりするなど、距離が取れる関係が望ましいでしょう。

なにかを成し遂げる人は、「仲よくすることだけがすべてじゃないし、なんでみんなそんなに他人に干渉することが好きなの？」などと言って、誰かの期待を裏切らなければいけないことがあります。

ですから、「全員の期待になんか応えられるわけがないんだから」という、「毒の感覚」を隠し持つこともとても大切です。


意外なことに、水色が幸運を実感するときは「世界を自分の部屋の延長線上にできているると感じたとき」。つまり、気をつかわない仲間と一緒に仕事ができたり、グループを組めたりすることなのです。

水色の願いは「放っておいてもらえる時間もあると助かります」ということ。他人に気をつかうことはできる。しかし、どんなに親しくても「ずっと一緒」は厳しい。早く部屋に帰りたい。

「気をつかわないでいい人と、いい距離感で刺激を受けながら生きていきたい」。それを実感する環境があるとき、「自分の部屋の延長で会えるファミリー」を築いてきた証拠だといえます。


一方で、水色の人が低調のときというのは、実は本人にとっては「快適すぎる」とか「他人は邪魔」と感じているときが多いのです。

つまり、社会と対人関係から離れすぎてしまうこと。本人にとっては「やっと私の邪魔をする存在と距離が取れた。これからは100%自分の好きにやっていくぞ」と思ってしまうことだったりします。

水色は「貢献したい気持ち」も備えている人。だから、すべての場面において「快適」を目指すのではなくて「これは短期の修行だ」と思って、人間社会に加わって貢献をすると、低調を脱出していくことができます。

ただ、「なんだか燃え尽きてきている気がする」と感じたら、人間社会から脱出して自然の中で暮らすなど、「削られた体調」のメンテナンスは定期的にしてください。

無理に交友関係を増やそうとせずに、仕事でもプライベートでも「気の合う人」がいてくれるだけで十分に回っていきます。わかりやすい感情表現で、他人にサービスする必要はないですし、それはぜひ水色以外の、得意な人にやってもらいましょう。

自分を持つこと。自分が尊敬する人たちのことを大事にする。「自分の部屋や自分の時間」を大事にし、丁寧に生きていく。

そういう場所に、あなたの運はきれいな小川のように流れ続けるから。

水色

# 他の誰でもなく自分のために

ターコイズは「陽キャラ」の代表みたいな人で、「はい、1週間の半分は全力の気合いで仕事を終わらせる！　そのあとは、遊びだ！」という感じで、仕事も遊びも全力で楽しもうとします。

そして、どこか「海外の匂い」も漂う人で、表情や仕草の大きさ、「自由さ」が「世界のスケール」なのです。

音楽とダンスと海が好き。セクシーさや子どもみたいなリアクションも大好き。身体的に「解放されていること」をとても大切にします。季節は圧倒的に冬よりも夏だし、真夏の海に行くと「あー、帰ってきたー」という感覚を大いに覚えます。

**ターコイズの運の属性は「おもしろければＯＫ系」。**

他のカラーと比べても、人生全般で「ノリ」を大事にします。「おもしろそう！」とか、「あ、私、まだそれを体験したことない！」という理由で、新しい世界へ入っていくことができる。また、「突然、運命の出会いが海外旅行中

# ターコイズ

Turquoise

に訪れる」とか、まるでドラマみたいなことが起きやすいのです。

普通の人の20年分ぐらいの濃い時間が、半年分ぐらいに圧縮されて訪れ、毎日がジェットコースターのような激しい展開になったりする。

「明日が予測できない、今日を全力で生きる世界」を受け入れる度量の広さは、とても素晴らしいです。


ターコイズの運の開き方は、実は「愛する人の意見に同調するのではなくて、私の願いを言ってみる」こと。

ターコイズは愛に弱い人。特に、「ファミリーとの結束の感覚」をかなり強く持っています。

「ママがそう言うなら」とか、恋人に「あなたがそうしたいのなら、私もそれについていく」というふうに、愛したファミリーに追従し、自分本来の意見を引っ込めてしまうことがあるのです。

だから、あなたが「あ、これはちょっと決別するときがきたな」と感じたら、勇気を出して自立や多少の距離をつくること。

「自分の意見のほうを優先していく。だって、私の人生だから私が見ていきたいもの」と思ってみてほしいのです。

ターコイズが幸運を実感するのは「体験をしてみて、わかることがある」と感じたときです。

というのは、今の世の中って、勝手に誰かの幸せと不幸を分けすぎる傾向があるからです。「そんな状況にいて、不幸にちがいない」とか「その環境だったら絶対に幸せだよね。捨てちゃダメだよ」とか。

本人しかわからないことを、外側から勝手に埋めていってしまう。ターコイズはそういう「世間的な常識」とか「誰かの勝手な決めつけ」ではなくて、もっといい意味で人間らしい世界が好きです。

「人生に必要なのは、ちょっとの冒険心と、いろいろなことをおもしろがれる心があればいい」。そんなふうに愛をもって世界や人と接していけるのです。

そんなあなたなのですが、不調のときには正直、「誰かから利用されている。下に見られている」ということが多くあったりします。

「かわいそうで面倒を見ていた人から何回かお金を貸してくれと頼まれる」なんて

いうことが起こります。粘り強さと大きくて深い愛情があるからこそ、「絶対に私の側からはギブアップしない。相手が今度こそ変わりたいと言っているからつき合ってあげたい」というやり方には注意。

でも、「自分が飽きるまでやっちゃう」というのはアリです。だって、あなたは中途半端な引き上げができる人じゃないのです。「自分の経験として、見届けよう」という、半分、客観的な目線を持ってつき合ってみるのもまた、自己成長の糧《かて》になります。

最後にあなたにおすすめなのは、「変わりたいときに変わってみて」ということ。あなたはときどき、自分が「もう自分は以前の私とは違うの」と言って、誰かのもとを去るのを遠慮してしまうことがあります。

でも、あなたは変わるし、新しい世界を求めるし、「こんな風景があったんだ」と感動するために生きている。やるべきことをやって、そして、やりたいこともあきらめない。それがあなたの人生なのです。

もちろん、たまに自信をなくしちゃうこともあります。でも、あなたは出会う人に懸命の愛を注いできた。人を好きになろうとした。それがもう、すごいことだから。胸を張って前を見てください。

## 心の大掃除をしよう

シルバーはかなり強い「合理化」の人。趣味でも仕事でも、システムを構築したり、動線などを設計したりする人に多いです。

服装などは「自分が決めた、お気に入りの組み合わせ」を同タイプ、何着も持っています。ノームコアの考え方を地でいっており、「毎朝、服装を決めるのに労力を使うのが非合理的」と感じているのです。

「自分が働いて報酬を得る時間、能力、スキル」と「自分が解放されて、自分だけの自己満足を追求する時間」の2つが最重要。「20時以降は人とは会いませんので。寝ます」と、いちばん合理的に自分の能力を発揮できる生活スタイルを開発しています。

**シルバーの運の属性は「無料公開系」。**

どちらかというと、社会の端のほうで生きていることが多いです。都市と無人島のあいだみたいなところに住んでいる（笑）。

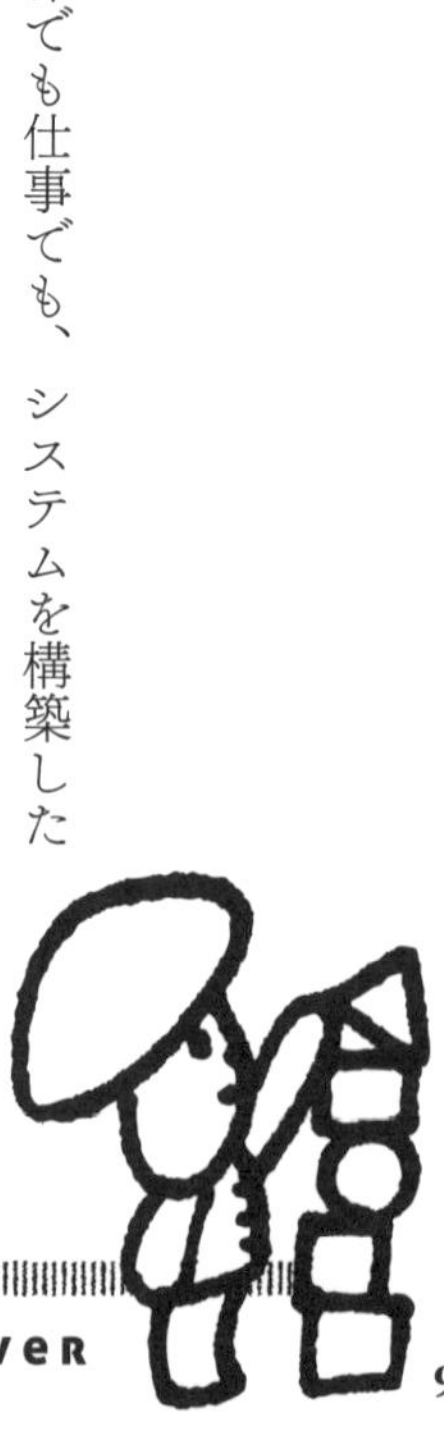

専門技術や「手に職」を持っていて、必要以上に誰かに時間を拘束されたくないという感覚が強くあります。いつも興味があることを勉強したり、自分を実験台にしてスキルアップを図ったり、経験を増やしている。自分で課題を見つけてくるから、人からの指示がいらない人なのです。

そんなあなたは、「自分が発見した美しいシステム」とか「こうするともっと生活に無駄がなくなるよ」といった情報を一般無料公開したい人。

便利で合理的なシステムを使う人が増えれば、世の中がもっとスムーズになって住みやすくなると考えているからです。

気前よく自分のノウハウを無料公開していくから、シルバーは人づき合いが苦手ながらも、不思議と慕われる現象が起きます。

シルバーの運の開き方はシンプルにミニマリストになること。これは独特なのですが、シルバーの価値観って「所有」よりも「シェア」なのです。なにかを所有してしまうと、そこに「定期的なメンテナンス」や「税金」が必要になる。それに、いろいろな負の遺産も抱え込まなければいけない。

それよりも、「縛られない生き方がしたい。行きたい方向へ行きたい。チャンスの波を逃したくない」という理由で、自分の属性や役割をガッチリと決めたくなかったりします。

その点において「人生で迷ったときは、所有や所属から降りる。そして、人脈含む、持っているものを減らす」が、運を開くための秘訣。

「いやぁ、私、全然友だちいなくてさ」と言いながら、すごく愉快に暮らしているのがシルバーなのです。

「私、同じ場所にしか行ってない」とケラケラ笑っているときが、自分の幸運を実感している瞬間。なにしろ合理化の人なので、「仕事や娯楽の外注」にすごくこだわります。

つまり、自分で全部をこなすのではなくて、自分の疲れを癒やし、驚きを与えてくれる「外注先」がある。たとえば、「ちょっと仕事終わりに落ち着いてお酒が飲みたいときは、このお店」とか。

「根本的なシステムの構築」など、「基幹」にかかわることが多いため、仕事の労力を癒やしてくれる「行きつけのお店やバカンス」が重要。オフのときは頭や感情をいっさい使いたくない。だから、そういう場所を持てているときに、自分が幸運であることを実感できます。

自分が認めた仕事に対してはきちんと対価を払い、応援をする。「ちゃんとやっている人がちゃんと評価をされること」が、シルバーにとっての幸せでもあります。


シルバーの低調のサインは「ニンゲン、コワイ。ニンゲン、キライ」と、人間不信がMAXになっているとき。シルバーはその能力の幅広さと、優秀な問題解決力ゆえに、ときどき心ない人から「ロボット化すること」を求められたりします。「あなたの意見はいらないから、私の意思どおりに動いてほしい」と要求される。意見の相互発信がないと、ものすごく消耗します。

不調を感じたら、「これは最終的に私がフリーランスになるための大事な肥やしだ」と思ってほしいのです。組織に拘束されるよりも、自分で課題を見つけ、自分で解決の道筋を描けるシルバーが必ずどこかで求められるから。

半分は社会に貢献するけど、半分は自由な旅人のような立場で生きる――それがシルバーにとっての幸運の必須条件になります。

自分が好きなものを語るときの熱量と、興味のない世界からの脱走癖のギャップが激しく、そこがとてもかわいらしい人なのです。

## 「応援したい人」を見つける

白は他の色の人と比べてもかなり特殊な立ち位置にいます。

まるで「人間1年生」であるかのように、自分が生まれてきたこの世界に好奇心を持っており、いつも「知りたい！」と願っているのです。

だから、外見的にとてもしっかりしているように見えるのですが、自分が「おもしろい！」と感じたことには常識とは関係なく、どんどん足を踏み込んで知ろうとしていきます。好奇心を満たすこと、いろいろな体験を積むことがとにかく好き。

加えて、本質的な「頭のよさ」があります。

他人のことを見て「なんでそんな無駄なことをしているんだろう」と「世界の非効率さ」に気づくことも多いでしょう。

**白の運の属性は「押しかけ座《ざ》敷童《しきわらし》型」**。

これも独特なのですが、誰に教わるわけでもなく、だいたい20代ぐらいのときには「どういう生き方をしたら自分はお金に困らずに生きていけるか」といったこと

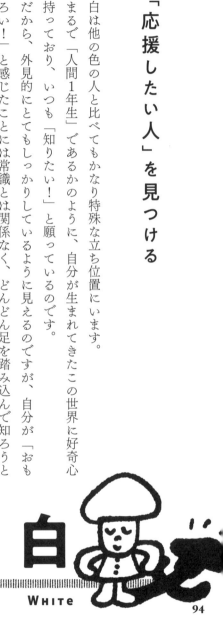

を悟っている。本質的に頭がよく、まわりの人をよく観察しているからです。

もちろん、そのためにちゃんと人生のカリキュラムを組み、自己修練も絶やしません。その一方で、どこかで人生に飽きているところがある。だからこそ「自分が見込んだ人や組織を発展させたい」と願うのです。

「あなたの会社ね、すごくいいポテンシャルを持っている。利益は今の10倍になるよ。でも、足を引っ張っている幹部が3人いるから全部クビにしておいたよ！」

というふうに、他の人だったら10年かかる改革を1年で断行したりします。ものすごい勢いで押しかけて、かかわる人に幸運をもたらすのです。

このように、誰か見込みのある人や会社などの「押しかけ座敷童」になって運を開いていくことが多いのですが、同時に「勉強」によっても独自の運を開くことができます。

白は「世の中のしくみ」じたいに関心を持ちます。だから、30歳ごろにとても堅実な会社に勤めているのに「ギャンブルにこそ、人間の行動の真理が隠されている。だから私はポーカーを勉強する」などといって、自分独自の追究・研究をしていくことがあります。

白

白のカラーを持つ人は「正攻法ではなくて、脇道から勝手に勉強したい分野を見つけてくる」人。不思議な嗅覚と探検心があるのです。

運という観点からいうと、「見切り」も早いです。「2年前まではこの職場は活気があったけど、今はもうダメな気がする」と感じたら、みずから座敷童契約を終了します。


あなたが幸運を実感できるのは「日々なにごともなく、一生懸命にまわりに尽くした人間が報われ、人々が楽しみを持ち、愉快に暮らしていること」を見ているときなのです。まるで「ご隠居」のような視線です。

「自分の利益」を求めることに興味がなく、「自分にとって大事な人たちが損《そこ》なわれないこと」がモットー。攻める形の運ではなくむしろ、防御型です。

だから、大好きな人たちにちょっとした贈り物をしたり、自分が提供した時間に喜んでもらえたりすると、それだけで「もっとがんばろう」と思える。

あなた自身が自由に生きているような人なので、そんな自分を必要としてくれ、感謝をしてくれる人がまわりにいることがうれしい。そこに幸運を感じるのです。

白の運が停滞してしまっているときは、ちょっと変な言い方ですが「座敷童派遣センター」が活動していないときなのです。

正直言って、白は「自分が3年後にどういう人間になっていたいか」という願望がほぼありません。むしろ「自分がかかわる場所や人の可能性を磨き、発展させたい」というのが願いなのです。

だから、「自分の時間が欲しい」と思って他人と距離を取ると、「生活はできるが、なんの情熱も持てずに、ずっとダラダラしてしまう」という停滞した事態になりがちです。

多少面倒くさくても「誰を応援したいか」「今、何がおもしろいのか」を、定期的にひとつひとつ見直すことも必要でしょう。

パズルやクイズは答えがわからないからおもしろいのですが、白はハッキリいって天才型で、パッと見て答えがわかってしまうことがある。だから、安定してくると飽きて、精気を失ってしまうことがある珍しいタイプ。

他人を応援してあげて、「ありがとう」を集めてみて。そこから運が開けていきますよ。

## ちょっとしたお節介を焼く

紫は人情家であり「人生の熟練者」の雰囲気をまとっています。

物事の表面的なところだけを見ないため、「不器用だけど、実はがんばっている人」が好きだったりします。

そのような人たちへのサポートを惜しまないし、お気に入りのお店に定期的にお客さんとして顔を出すなど、誰かの人生の応援者としての役割を強く果たしていくのです。

その上で、紫は「歴史」や「伝統」、「何百年続くお店」「古くから伝わるもの」が大好きだったりします。

自然と人を導くような助言ができたり、面倒見がよかったりするのですが、「話が長い」「お酒を飲むと、夜12時過ぎても家に帰りたがらない」といった弱点はあります。

**紫の運の属性は「助け合い系」。**

「人の世は助け合いによってできている」という哲学を持っているからです。

「自分が新人のころに先輩にとても世話を焼いてもらった。みんながみんな、損得だけで生きているわけじゃない。誰かが応援したり、面倒を見てあげなきゃ、いい文化は伝承されていかない」というふうに考えているのです。

紫自身が「カッコイイ大人になりたい」と思っているから、人望があるのはもちろん、誰かが言わなきゃいけない「厳しい言葉」もちゃんと伝えることができる。自分のことよりも他人のこと優先だし、お店で出会った見知らぬ若者に「今日はおごりだ」とご馳走しちゃったりもする。

しかし、やっぱりさみしがり屋です。人との温かい交流を求めてお金と時間はつかうけれど、なんだかんだ自分も他人の存在によって助けられるという、豊かな相互扶助の運を持っています。

紫の運の開き方は「余計なお節介」がキーワード。

すべてのカラーの中でも、数でいえば紫はいちばん「損をする」人でもあります。ただ、それを本人が名誉にしているところがあって、「私が好きでやったことだから」と言ってすませたり、全員からの見返りを求めたりしない。

紫は「巨大な親戚会」のような世界に生きているのです。数年前に面倒を見てあげた人が、時間がたって今、とても活躍している。そういう話を聞くだけでうれしいのです。

人に対して損することもある分、その話が外に伝わって「今度は私たちがあなたに恩返しする番だね」と、助けてもらえることが多いです。

紫が幸運を実感するのは、「目上の人に大役を任されたとき」。

あなたの幸運の原点には、いつも「自分に目をかけ、育ててくれた恩人」の存在があります。たいてい学校時代の先輩であったり、仕事で知り合った上司であったり、取引先で出会った人たちだったり……。

そういう人たちに「君にはまだ早いかもしれないけど、このプロジェクトのリーダーをやってくれるか」などと、大役を任されたときに「運の到来」を感じます。

もちろん、責任重大だし、1人の力だけではできないのですが、紫はその「つらさ」さえもうれしく感じたりします。自分が尊敬する人や憧れていた人と「同じ目線」で景色が見られることに、大きな幸運と幸福を感じて「がんばってきてよかった」と思える。

ですから「幕末のあの人も、昔、これと同じ景色を見ていたのね」なんていうふうに追体験できると、幸運の風に乗りやすいです。

ただ、ここまで述べてきたように、紫にはわりと古風な体育会系気質があります。「先輩が誘ったら、後輩はどんなに忙しくても飲み会に駆けつけなければいけない」とか、「顔を立ててくれた先輩に必ずお礼をしなければいけない」というルールを大切にするタイプ。

そういう世界に住んでいる紫は、体調が悲鳴を上げることが多いです。仕事が忙しいのに先輩に朝方までつき合って、どんな頼み事もNOと言えなかったりします。紫の運は体調とリンクしますから、無理は禁物。体の声を聞きながら、義理人情の世界も「ほどほど」にしてくださいね。

紫は「ご縁」が重要。紫が面倒を見たからこそ、才能を開花させた人がたくさんいるのです。

大人の美学、懐の深さ。自分に修行を課し、他人には寛大に接する――どこか現代の求道者《ぐどう》のようなあなたは、多くの人に尊敬され、感謝されている存在です。

## 今週は「休戦」とする

ネイビーはいわゆる戦士のような人です。自他ともに甘えを許さないし、24時間仕事モードだし、目標を設定したらなにがなんでもやり抜く「鉄の意志」を持っています。

仕事もバリバリこなし、終わったあとにジムに行ってトレーニングをしたりする。「1日24時間」という単位でも、「一生」という単位でも「自分を使い切りたい」という気持ちを強く持っているのです。

努力の塊《かたまり》なので、きらびやかなステータスを手に入れやすいのですが、「見せびらかしたい」「見栄を張りたい」という気持ちはありません。

**ネイビーの運の属性は「武士系」**。

10代、20代で「昨日までの平凡な自分」を卒業し、自分の限界を超える努力の世界に身を投じていきます。

「結果を出す」。その誓いを胸に、どんどん自分を磨いていく。そんなネイビーは「あなたはおもしろいね」と認めてくれる経営者や、人生の恩人にめぐり合う確率が高いです。彼らがネイビーに修行の場を提供してくれるのです。

そして主君に仕える武士のように「どんなに厳しくても、私は結果を出していきます」と、契りを結んでいく。「私がこの人たちを守っていく」というふうに、自分で決めた「約束」や「契約」を追求します。

ネイビーの運の開き方は特殊です。そもそも努力は欠かさない人ですし、「戦闘集団」のような同僚や仲間に囲まれて、結果を出していくこともできます。

しかし、「運」という観点からいうと、ネイビーは努力をしているときではなくて、一度大きく失敗したあとに運が開けることが多いです。

ふだん「結果を出さない自分に価値はない」と考えているネイビーが、仲間とともに弱点をフォローし合ったり、自分の殻が壊れても自分のことを好きでいてくれる人の存在に気づいたりする。そして、人生には「力を入れるべきところと、力を抜いて人に頼るところ」があると理解できるようになる。

運の波に乗っているときって、「若返ったよね」とか、いい意味で「〝幼稚さ〟とか〝赤ちゃんっぽいところ〟も前へ出してくれるようになったね」なんてまわりから言われたりします。

そんなあなたが喜びとするのは、もちろん「苦労したプロジェクトが成功したとき」、さらに「すごく仕事が忙しかった期間なのにジムも休まなかったし、上げられるウエイトも1段階増えた」というような、ストイックな幸せ。

でも他方で、あなたは「誰かに全面依存できたとき」や「仕事の仲間やライバルではなくて、大人になって友だちができたとき」に幸運を実感します。

いつも鎧を着ていて、誰かに甘えるのは苦手。でも、ちょっとずつ「甘えること」を試していって、ビジネストーク以外の話もする。仕事や競争とは関係のない、どうでもいい話ができる。そうして「あ、友だちになれそう」と思える関係に恵まれたときが、幸せなのです。

ネイビーの運が低調なとき、それはハッキリと燃え尽き状態になっているときです。

ネイビーは、自分が「もう限界だ」と思ってから、ある組織を辞めたり、他の道を探したりするまでにだいたい2年間ぐらいの「卒業準備期間」が必要。

その間に恩を返したり、後進を育てたり、最後にもう一度結果を出してからちがう道へ行こうとする。そして、その期間にかなり成長します。

燃え尽き状態になったときは、明らかに顔色が悪くなったりするのですが、周囲の人はそれを指摘できません。あなたの努力や心意気を知っているから。

でも、そこで無理をすると、どんどん「何が楽しいのか」がわからなくなってしまう。ヘトヘトになったり、心から感動が消えてしまったときは「人生の休憩期間」を持っていいと思います。

一度、戦場から離れる。できれば引っ越しも含めて、場所も変えちゃったほうがいいです。いつもの習慣で、自動的に戦闘スイッチが入らないようにするために。

忠実な戦士や武士のような性質を持っているあなた。いったん「休戦」とか「一度現場から降りてみる」という体験をすると、「こんなに人生って彩りが豊かで、楽しかったのか」と、心が回復していきます。

たまに、勇気を出して脱線をしてみてください。

前に進むことだけがすべてじゃない、行き止まりや回り道の中にこそ、大きな幸運があることを必ず感じ取れるから。怖れずに、疲れたら休戦してみて。

# 年上を頼る

人間を、器用なタイプと不器用なタイプで分けるとするならば、茶色は不器用なタイプです。

急に話しかけられると「えっ」と固まってしまい、「うーんと」などとためらってから対応します。両親、もしくはお母さんとお父さんのどちらかと「生涯の友」のような固い絆《きずな》で結ばれ、愚直で、誠実で、優しさもある茶色を「この子は本当にいい子」と見守る大人も多いです。

メモ書きや日記を大量に書いているという特徴もあります。自分なりに今日感じたことをきちんと消化したいから。急に話しかけられたときに、なんて返したほうがよかったか……なんていうメモもこまめに残していたりします。

**茶色の運の属性は「お布施系」。**

お布施というのは、ある人の行いに対して定額の数字が決まっているわけではなくて「お気持ちで」と、各自の金額を包みますね。

つまり、茶色は「これだけのサービスや労力をかけたら、これぐらいの返礼は欲しい」と自分で設定できない人です。

ただ愚直に、喜んでもらおうとやっているうちにいつかその返礼が溜まって、一気に運が開ける。そのような不思議な運の現象が起こるのです。

いい意味で「商売っ気がない」と評価される。たとえばお店をやっている茶色は「あなた、それだけ一生懸命やっているんだから、私がお客さんを連れてきてあげるよ」と、常連さんが勝手に営業役を買って出てくれたり。

人柄と人徳によって後から返礼してもらえるのが「お布施スタイル」の運なのです。

茶色の運の開き方は意外にも、完全な爆発型。

なぜ意外なのかというと、茶色は全カラーの中でも「コツコツ型の努力」の代表みたいな人だからです。みんなが教室の外で遊んでいる休み時間に、コツコツ勉強するとか、放課後に自主練しているような人。

でも、茶色はどこかで「ここが私の人生の勝負どころだ。すべての退路を断ち、何年かはここだけに集中してみる。後悔を残さないために！」と、リスクを背負った大胆な勝負に出るのです。

そのときは、安全策を取りません。そこで、今までコツコツとメモを取って溜めてきた努力が、一気に爆発します。

だから、運を開きたいときは「大胆な勝負に挑んで、実力を爆発させる」というやり方がいいです。普段はおっとりしているのに、目つきが変わるような瞬間です。

あなたが自分の幸運を実感するのは「自分なりに要領がよくなってきた」と感じるとき。

茶色はいわゆる「テキトーにやっておく」がなかなかできなかったりします。でも、多少のミスをしても、まわりの人からアドバイスをもらいながら「これは100点を取らないでも、60点ぐらいの完成度でやっちゃっても大丈夫だな」と〝こなせるようになった〟ときに、大きな喜びを感じます。

好きなことには本気で打ち込む。テキトーでいいところにはテキトーに取り組む。その力のコントロールがバランスよくできるようになると、オフの時間もしっかり取れ、リラックスして運が循環しはじめます。

茶色の運が停滞してきているサインは、「ちょっと待ってくださいね」を1日のうちに3回以上言っているときです。

仕事の取引先へ連絡しなきゃと焦っているときに、友だちから「急で申し訳ないんだけど、明日会えたりしない？　○○さんがあなたに会いたがっているのよ」などと連絡が入ると、もうパニックです。

「ちゃんと対応しなきゃいけない」と、ひとつひとつを作品づくりのように、丁寧に対応しようとして行き詰まってしまう。「ちょっと待って！」を連呼している茶色は、実は追い詰められているとき。新しい運も入ってこられません。

そういう場合はまわりに相談してみてください。あなたが思い悩んでいることの中には「あ、そんなの無視すれば、大丈夫だよ」ということもかなりあったりして、人の意見に助けられます。

不思議なことに、同世代や少し上の先輩よりも、10以上年の離れた大人から評価され、運を導かれたりすることが多いのです。

自分の不器用を恥じず、人に相談し、そして、年配の人を頼ってみてください。大人はちゃんとあなたのことを見ているものですよ。

## 推しに没頭する

森の色は「自分の森の中に入って、ずっとなにかを制作している」人。外部と自分を遮断し、自分だけの情熱やモノづくりに燃える色です。

特に、ものごとに対する興味が「0か1万」くらいちがうところがあって、興味を持ったものに対する研究能力や情報収集力にはすさまじいものがあります。命を賭けて応援をしている〝推し＝神〟がいるのも特徴で、大好きな推しのためなら地方公演にも欠かさず参加したり、熱狂的な応援や声援を送り続けたりします。

**森の色の運の属性は「一心同体系」。**

「好きなモノと一心同体化し、無償の愛を捧げる」ということができてしまうのです。むしろ「自分の運がよくなること」にあまり関心がありません。「あー、私はいいよ」と、自分については達観しているようなところがあります。

それよりも、自分の身近にいる「愛する人たち」の応援を続け、その人たちの才能を開花させたりしていることが多いです。

それも「一方的に相手に自分の運を与え続ける方式」。

「在野の優れた教師」という感じで、森の色の手によって才能を開花してもらった人は多く、多大な感謝を受けたり、ずっと慕われているようなケースも多いです。

「前の職場が一緒で、今はもうお互いにちがう場所で働いているんだけど、すごく慕われて、今でもなにかと相談を受けたり、相談したりしている」といった人間関係も人一倍多いです。

人の長所を発見してプロデュースしたり、愛情を込めて育てたりすると、運のポイントは溜まっていきます。


そんな森の運の開き方なのですが、そもそも「運を開いて、社会の中で成功したい」という願望があまりありません。好きなモノを見たり、手づくりしている時間があるだけでいい。なにかの時間に「没入」していることが幸せだから。

でも、森の色が無意識にしているやり方があります。それは「自給自足とリスク分配」なのです。森の色は、自分も含めて「社会の中で正統派ではない、少しハミ出している人やモノ」が大好きです。

社会が打ち出す一般的な道徳――「まじめに働いて、まじめに貯金しましょう」

というような価値観をあまり本人が信用していない。だから、自分なりに貯蓄や資産の運用法を学んだり、今住んでいる地域の災害の危険性などまで調べていたりする。

自衛意識がとても強く働く人なので「伸ばす運ではなく、損なわれない運」を大事にしているのが特徴。結果として「大事なものを失わない」という最大の防御の運を発揮できるのです。

森の色が幸運を実感するのは、1年に1回の推しの地方公演すべてに申し込んだりすること。ライブチケットに当選するかどうかに、すべての運を委《ゆだ》ねているようなところがあります。

普段は自分なりにコツコツものごとを調べ、まじめに働き、貯蓄もする。でも、大好きな舞台や、大好きなライブ、自分の好きなゲームや作家の世界などにはすべてを投資する。その没入の時間で、魂が解放されるから。

そういう「好き勝手生活できているなぁ、私って」と感じたときに、自分の幸運を実感できます。

また、「この長い地球の歴史の中で、人類が今まで生きていることじたいが奇跡なんだよ」などというように、ちょっと変わった幸運の実感の仕方をしています。

森の色が自分の不調を感じることは、あまりないです。それこそ、「最近いろいろやらなくちゃいけなくて忙しいなぁ」と感じるときはあるのですが、それを不運に感じることはありません。ただ「さっさと終わらせよう」とがんばる。

今がどんな状態であろうと、「社会的な評価」で自分を見ないから、ある意味、最強の人なのです。たとえば、今の職場の待遇が悪くても「土日に徹夜で大好きなアニメが見られたらそれなりに幸せ」と思える人です。

「不調？　そうかなぁ？　私、幸せだよ」と思えることが、誰よりも強い。一方で、その不調に気づかず、留まってしまう場合もあるので注意してください。

ここまで見てきたとおり、森の色は「一般的な運」からは離れて自活しているような人です。だからこそ、人間社会に左右されないリスク分配、自給自足を心がけ、ときどき「星の下に自分だけがいること」を実感できる、自然の中に行ってみたりするといいです。

あなたは自分だけの世界を丁寧に深めていける、素晴らしい人だから。

# 穴にこもる

黒のカラーを持つ人は、世の中の流れや流行がどうあろうと、自分のやり方を信じ、我が道を行くタイプの人です。いわゆる「職人タイプ」で、「スープの研究を30年以上やっているけれど、まだ完成はない」などと感じている。

仕事とプライベートが一緒になっているのも特徴で、月曜日から日曜日まで、ずっと仕事や発明やアイデアについて考えています。

「変人」と称されるのはだいたいこの人たち。「みんなで仲よく」などといった一般の社会常識を守るつもりはほとんどありません。しかし、「この人にしかできない、極端に磨き上げられた才能」の持ち主です。

**黒の運の属性は「我が道系」。**

「ある日たまたま読んだ本の1節が目に飛び込んできた」とか「ある日入ったお店の1杯のうどんに衝撃が走った」など、突然の〝出会い〟によって運が爆発するのです。

「もっと知ってみたい。これを極めていきたい」という強い願いから、心に火がつく。そこから独自の研究や修業が始まります。

10代、20代のころに誰かの下で働いたり、学んだりするのですが、30代以降は我が道を完成させていきます。「自分の頭で考える」やり方を取ったり、自分で研究ノートをつくったり。

よく成功者のインタビューを見ていると「1回会社には入ったんですけど、どうしてもあの日に食べたケーキの味が忘れられなくて」などと、ついには自分でケーキ店を開いてしまった人がいますね。そういう人は黒です。自分の心に走った〝衝動〟を原点に人生を生きている典型的な例でしょう。

黒の運の開き方は「一度退路を断って、やりたいことをやってみること」。

人生のどこかで「腹をくくって、どちらを取るか決めなければいけない」と決断を迫られるシーンがやってきます。

たとえば、「小説家として生きていきたいけれど、会社員との二重生活がだんだんキツくなってきた。でもそんなときに、会社で出世を持ちかけられてしまって……」というふうに。

黒

そういうときには、世間体や常識とは関係なく「2年間は、どこまで通用するか、小説家一本でやってみたい」と、踏ん切りをつけましょう。

また、「人と離れて暮らす時間」もとても大切。自分の研究室にこもるかのように、誰からも離れて、自分のアイデアとだけ対話する時間が必要なのです。


あなたは「目に見えない力」によって見守られているふしがあって、幸運のパターンとして「大きな問題は起こるが、大ごとになる前にスッと解消する」というケースがとても多いのです。

たとえば、「車の自損事故を起こしてしまった。しかし、幸いケガ人はおらず、保険会社の迅速な手続きによって解決した」とか、「自分の会社の経理部で大きなトラブルが出たが、たまたま3日前に入った人が経理のスペシャリストで、なんとかなった」とか。

定期的に問題が起こっても、その問題が不思議な運の力によって回避されたりする。

しかも、その問題が「この部分のリスク管理を見直していくいい機会にしよう」というふうに、人生の自己免疫を高めてくれる不思議な作用をもたらします。

それこそ黒が幸運を実感するとき。「不運に見せかけて、実は導かれている」ということが人生で頻発するのです。

全カラーの中でもトップクラスで、黒の人は「閉じこもる力」が大きいです。「私がまちがっているんじゃない。今の世の中では私のやり方が理解されない」と考える傾向も強い。だからこそ、低調のときは「固執と孤立」が大きく関係します。

特に、「20年単位ぐらいの大きな仕事やプロジェクト」をやり遂げて、そこから燃え尽き状態になったときには注意が必要。燃え尽きると、心からの感動がなくなり、自分を奮い立たせるために「過激な言動」が目立つようになります。

大きなことをやり遂げたあとは、すぐに次の情熱を探すのではなくて、少し休む期間を持ったほうがいいですね。

我が道と唯我独尊。その強烈な信念と直感、洞察力の裏に、強烈な「恥ずかしがり屋で人見知り」の顔を持っています。照れているあなたはとてもかわいいのです。

だからこそ、「えーい、もうやってしまえ!」というやけっぱちな気分になったら、少しだけまわりにいる人に相談してみてくださいね。

黒

## 弱みを素直に白状してみる

金色は全カラーの中でいちばんに「神の愛」とともにある人です。

神の愛って、怪しい言い方ですよね。でも、自分にしかできない特別な使命や役割、そして才能を築いてきた人は、どこかで「あ、これは運命に試されているな」と感じたことがあるはずなのです。

金色はまさに「運命と格闘してきた代表者」で、地獄を経験したあとに、天国へとたどりついたような人が多い。

大きな声では言えないけれど、「地獄」も楽しんじゃっているところがある。外見はきらびやかで、もともと桁《けた》違いに生命力が強かったりもします。

### 金色の運の属性は「世界平和系」。

彼ら／彼女らは心の中に「海外と日本の2拠点を持ちたい」などというような、常人の理解を超える欲望を秘めています。

また、「人生は自分のためだけにあるものではない。世界をよくするために、人

# 金色

GOLD

を助けるために、私は自分の才覚や発想を使いたい」と考えている。人助けや世界平和のために生きる人でもあるのです。

だから、起業して会社を成長させるのは営利のためだけではなくて、「雇用を増やして、教育機会を増やしたい」という大きな目的があったりする。自分を人類すべてに広げて考えられる人なのです。


そんな金色の運の開き方は「ピンチこそチャンス」。

金色は「運」にかなり敏感な人。それはどういうことかというと「飽きることに敏感」なのです。

自分のワクワクのために日々努力することは当然だけど、「今までうまくいったこと」を続けていくと飽きてくる。

自分のキャラクターや生き方、成功の仕方を途中で変えていく必要が出てくる。そのとき金色は、「強制的にやり方を変えなきゃいけないピンチ」を歓迎するふしすらあります。

「あー、せっかくだからいろいろ変えちゃおうよ」と、大きな整理を始める。

「海に出て、波に収まってくれって頼めないから、だったらこっちが新しく適応するやり方を試していこうよ」などというふうに、どこか達観しているのです。大胆なやり方で運をつかんでいく様子が、どこか「人生が博打」であるかのようにも思えます。

金色が幸運を実感するのは、意外なのですが「実は怖かった」と身内や親友に向かって白状するとき。

安定や落ち着きを求めず、どんどん「次の一手」を打っていくからこそ、人の何倍も成功したことも、失敗したことも多い。

でも、金色の「全力疾走」はクセなのです。「気づいたらまた爆走しちゃった。あー、怖かった。でも楽しかった」と、ホッとひと息ついているとき、「なんだか、こういうのが私らしいんだよね」って幸せを感じる。

自分をネタにしてみんなに笑ってほしいし、自分がやったことがみんなの役に立ったり、世界平和に少しでもつながったりしたら、これほどうれしいことはない。

あなたの心はずっと無邪気な子どもなのです。

金色の運が低調なとき。それは「理想と現実の乖離《かいり》が激しいとき」です。

よくも悪くも「現状を軽視する傾向」があり、「ま、なんとかなるでしょ」「私は必ず5年後に成功する」などと、楽観視しすぎるきらいがある。

確かに、持っている運の強さはすごいのですが、「私を誰だと思っているの？」を前に押し出しすぎると停滞のもとになってしまいます。

「風の動かし方がわからなくなった」と感じたら、（すごく苦手なことかもしれませんが）誰かに「ごめんなさい」と伝えていきましょう。

世の中の成功者って、「愚鈍なところ」もちゃんと持っている。その「愚鈍さ」があるから、他人を頼れたり、頭を下げて教えてもらえたりするのです。

普段から「いや、昨日の私、強引でしたよね。ごめんなさい」と軽く謝っておく習慣をつけておくと、最強のあなたになれますよ。

「自分の人生は、自分のためだけにあるのではない」。そういう使命感を持つあなたは本当に尊敬すべき、すごい人です。

枠を超え、限界を超え、自分の行きたい方向へ行く。「やってやるぜ」と「ごめんなさい」のバランスを上手に取りながら、仲間と一緒に突き進んでください。

うまくいかなくても、
悩んでいても大丈夫。
しいたけ.流の
「焦りすぎない開運の極意」におつき合いください。

「小さな1歩」が、
やがて大きな結果につながるから。
自分を信じてやってみて。

PART Ⅱ

# 幸せの受け取り方

# 3 “出会い”の奇跡を起こす方法

——「一緒にいて居心地のいい人」になる

# 「運命的な出会い」とは何か

「出会い」という現象は、とても興味深いものです。

ただ、その法則性も含めて、「出会いとは何か?」について断言できないでいます。

出会いには、テクニックや努力によってなんとかできる部分と、それこそ、人智を超えて存在しているような部分の両方があります。

たとえば、身なりをきれいにする、礼儀正しくする、「〇〇さんの話はとてもおもしろいですね」などというふうに、たまにはリップサービスなんかもする。

それ以外にも「誠心誠意、人と向き合う」とか、思いやりを見せるとか、そういう「好感度を上げるやり方」で「出会いをモノにする」ことも、もちろんできます。

でも一方で、「なんであんな人に出会っちゃったのかしら」と思ってしまうようなこともあります。**こちらの準備が全然整っていないときに、自分のやり方や考え方を根本的に変えてしまうような出会いが訪れたりする。**

僕が「出会い」という現象に対してある種の「畏敬の念」を抱くのは、やはり生半可なことではないと思うからです。

ひとつの出会いが、自分の人生を変えてしまうこともある。また、人生に奇跡を起こすこともある。

僕は、世間でいう「好感度や清潔感などが関係する出会い」と、「自分の人生を変えてしまうような出会い」はちがうものだと考えるし（どちらが上で、どちらが下かとかじゃないですよ）、後者の出会いには「縁」が深くかかわっていると思わざるを得ないのです。

ここで少し大胆なことを言わせてください。

**その人の人生にとって「縁のある出会い」というのは、必ず、その人が持っている「何かを壊すため」にやってくる**ものなんじゃないか。

「壊すべきタイミングで、壊す人が自分のもとへ訪れる」。

それが、自分の人生を変えるほうの「縁のある出会い」なんじゃないか。壊すって、全部が全部悪いものじゃないのです。

## 自分を「リニューアル」するための出会い

たとえば、自分の人生観を変えた映画、小説、漫画、文学。その中に出てくる、1節の言葉など。そういうモノとの出会いって、「今までの世界にいた自分が壊される」体験だったはずなのです。

他には、海外での体験なんかも「今までの自分が壊される出会い」でしょう。

学校の先生、先輩、バイト先にいた変な人、親友、もしくは恋人など――「その人から影響を与えられた出会い」によって、必ず自分の中の「なんらかのやり方や考え方」を壊されたはずなのです。

その人に出会ったおかげで、「変わりたい。変わっていきたい」と願うきっかけになった。その出会いがなければ、自分を変えること（＝壊すこと）なんてできなかった。

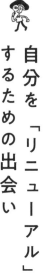

自分のこれまでを変えてしまうような強烈な出会いは、あるほうが「いい」とも言えるし、ないのが「いい」とも言えてしまう。

だけど、よくよく考えてみれば、どの人もみんな、誰かのために自分を変えてきた経験を持っている。自分のやり方を変えて、まわりに喜んでもらえたり、また、縁の下の力持ちを引き受けたりもした。「つらい」と感じるときに「つらい」と言えず、ただただ自分を変える努力をしたこともあった。

みんな、誰かと出会い、自分を変えるための努力をしてきた。そういう意味で、**今日まで「無傷」でいる人なんて、そうそういない**と思うのです。

「出会いがない」と現在考える人は、もしかしたら、過去の出会いで受けた傷の修復中なのかもしれないし、そこで埋まらなかった欠片をどこかで探しているのかもしれないです。「自分は一方的に変わったのに、相手のほうはあまり変わらなかった」という出会いは、けっこうダメージが残っていたりもするから。

つねに「結果を残さなければいけない」と考えてきた人は、「変わろうとしてきた自分の努力」に関して、もしかしたら「認められない」と決めつけているのかもしれない。

ちゃんとやってきたはずです。自分なりに、変わろうとしてきた時間もあったはずなのです。

誰かとの出会いが訪れないとき、それは、「自分との和解」がまだすんでいないことも多くあります。結果が出なければ無意味だと、決めてしまう力が強すぎるのかもしれません。

誰か特別な人から自分を認められることって、すごくうれしいです。それによって自分の人生が一気に飛躍したと感じられることもある。でも、その前に**「自分が変わろうとしてきた過程や、誰かに喜んでもらおうとしてきた不器用さ」を認めてあげてもいい**かもしれないのです。

涙を流しながら、落ち込みながら、「あれで限界だったのかなぁ……」と言ってしまうような時間は、決して情けないものではないです。

## 結果だけじゃなく、過程を見る

人は出会いによって、自分のどこかを壊されます。どうせ壊されるのだから、今の出会いと、そして、出会いのあとに続いていく物語のために大事なことは「許すこと」だと思います。

これは「相手を許す」ということではありません。**ヘマをした自分、うまくいかない自分、思ったような結果を残せない自分を許すこと**です。

許すって、甘やかすことじゃないから。そうじゃなくて、自分を変えようと戦ってきた自分に対して、ちゃんとその奮闘を認めていくための姿勢だから。

結果だけを見るんじゃなくて、ちゃんと過程を見てあげること。

「今この部屋にあるもの」があなたのすべてじゃないし、今この部屋の中にないものも、過去のあなたはちゃんと獲得してきたはずだから。過程を見てあげるために、自分にちょっとした休暇を用意してあげることも必要です。

どうせ壊されるんだから、自分を許す練習をしておく。

ものすごく乱暴な結論なのですが、これが現時点での僕の「出会い」に対する処方なのです。出会いは体力を使うから。自分を削りすぎない練習をしておいて。

# コミュニケーションは「コミュニケーション術」ではない

世の中にはいろいろなコミュニケーション術の教えがありますね。実は僕もかなり勉強したことがあったのです。

ずっと自分の中にコンプレックスがあって、雑談や、人と一緒にいて「時間をつぶす」ことが苦手でした。美容院に行っても毎回緊張していたのです。

コミュニケーション術の本を買って練習したこともありましたが、結論からいえば「役に立った部分もあれば、そうでもない部分もあった」。

いや、気づいたんです。「コミュニケーションって、コミュニケーション術ではない」と。

いつのことだったか、心理学の講座に出席していたとき、ある先生が「心の自己防衛」の話をされたことがありました。

心の自己防衛とは何かというと、みなさんもあまり心を許していない人に「今週末さ、暇？」と言われたら、即答は避けるでしょう。「え、なんすか？」「まぁ、暇かもしれないし、そうでもないかもしれないし」なんて返して、濁《にご》す。

この世を生きていくためには、会う人全員が親友ではないから、心をつねに全開にできるわけがない。見知らぬ人には、心を閉ざさなければいけないときもある。

そういうときに必要なのが「心の自己防衛」です。そのとき、講座で聞いた次のような話がすごくおもしろかったのです。

「よく美容院とかで『最近、どっか行ったんですか？』と聞かれて、それで、『あー、そうですね……（↑何を話すか考える）。旅行といえばですね、そうだなぁ、僕は旅行にはやっぱり安らぎといいますか、ホッとしたい、はたまた、新しい刺激といいますか？　そういうものを求めたいからこそ、行く先は……』とか小話をしちゃうような人っているでしょう？

『どっか行ったんですか』と聞かれたら、『はー、そうですね。どっか行きたいですねー』などと答えるのが自然な会話であって、執拗《しつよう》に話を準備しちゃうのも、一種の自己防衛なんです」

即「俺じゃん」と思いました。

自分が他人とコミュニケーションを取ることに妙に疲れて、苦手意識もあって、人と会いたくないと思ってしまった理由に、そのときものすごく合点《がてん》がいったのです。

僕が相手のコミュニケーションに対して「立派に建造された小話」を返そうとしていたからだと。

いわゆる**「コミュニケーション術」って、先ほど挙げた「美容院で、立派に建造された小話をする」ように、「立派に応答しなくちゃ」と考えて、相手とのあいだに堤防をつくる行為と似ている**気がするのです。

だから、こちらがコミュニケーションをがんばろうとすればするほど、相手は壁を築かれているような感覚を持ってしまう。

この点に気づかされた僕は、究極のコミュニケーション術として、シンプルに、1回1回「相手を信頼してみよう」と自分に呼びかけています。

## 「築く」のではなく「脱ぐ」

コミュニケーションって、用意周到な準備を重ねることじゃなくて、相手を信用してみることが第一歩になるはずなのです。

用意周到な準備が「立派な堤防を築くコミュニケーション」なのに対して、「この相手を信用してみよう」と自分に呼びかけるのは「裸になってみるコミュニケーション」です。

初対面の人でも、会ったときに「この人を信用してみよう」と自分の心に呼びかけてみる。そうすると「ちょっと肩の力が抜けた状態で、かつ、相手のテンションにも多少は合わせられる」という感覚が起こるのです。

その状態になると、別に相手の発言にすべて合わせなくていいと思えるし、「これ言ったらどう思われるかな。ま、考えてもしょうがないから、相手に委ねてみよう」とか、ちょっと踏み込んだ話もできたりする。

相手を信用したコミュニケーションって、おそらく「毎回100点のコミュニケーションを取るためにがんばる」ことじゃないと思うのです。むしろ、**「30点のコミュニケーション」も共有する。**

もちろん、相手に好意を持ってもらいたい場合は100点を取るコミュニケーションを目指してしまうけれど、がんばって100点を取ろうとするコミュニケーションって、「相手に私のことをすごいとわからせたい」とか「自分に自信を持ちたい」だったりしちゃう。

そして、そのたくらみはだいたい相手にバレてしまっている。自分の周囲に「〝立派〟という壁」を築こうとしていることに気づいたら、レンガをひとつ取り除くイメージを持って「あ〜、そうなんですね〜」と答えてみてください。

ちょっと話がズレるかもしれないのですが、今は、テレビに出ている人がユーチューブに進出するのが当たり前になったでしょう。

でも、そこで苦戦することがあるかもしれません。ユーチューブにおけるコミュニケーションって、「距離感の近さ」だと思うのです。有名なユーチューバーの方々って、会っても気さくに話ができる気がするんです。

でも、テレビって収録の世界だから、テレビで活躍していた人はもしかしたら「きちんと伝えよう」としすぎてしまう。そうすると、一生懸命に「立派な壁」を築こうとしてしまう。

「会っていろいろと話してみたい」兄貴分、姉貴分みたいな人がユーチューバーで、「近くで見てみたい」憧れの人が芸能人。その空気感の違いがあるような気がするのです。

話を戻して、究極のコミュニケーションおよび、コミュニケーションにおける勇気。それは、**どんなに自分ではつまらないと思っていても、目の前の相手をとりあえず「信用してみよう」と決めて、自分の素を出してみる**こと。

自分の素って、「自分の受け答えの温度」なのです。普段の受け答えの温度が「はあ、はあ、はあ（脱力）」の人だったら、「おー！（熱意）」というリアクションもやるけど、1回は「はあ、はあ、はあ（脱力）」という返しをしてみる。それをやると、相手にしてみたら「素を見せてもらえた」と気づけるから。

**究極のコミュニケーションは、築くことではなくて、脱ぐこと。**

僕自身ももっともっと、術に頼らないコミュニケーションをしていきたいです。

# 「売れっ子」を目指す

「売れっ子になる」ってどういう状態を表すかというと、とてもシンプル。

「あの人おもしろいね」

と噂される状態になることだと思っています。

〃売れる〃って、たとえ1人のファンでも「あの人おもしろいね」という話を、誰かに〃感染させたい〃とか〃どうしても伝えたい〃という状態になるところから発生していくエネルギーなのです。

ただ、ここに「売れる」という現象の難しさも含まれていますよ。

たとえば、カレーを急に食べたくなるときってあるじゃないですか。で、おいしいカレー屋さんを調べて、そのお店に行ったとします。

そこでカレーを頼んで食べた。「あ、けっこうおいしい」。でも、

「あ、このカレーおいしい」

と、

「そのお店のカレーのおいしさを誰かに感染させたい。どうしても伝えたい！」

のあいだって、けっこう大きな差があるでしょう。

じゃあ、どういうお店のカレーを「誰かに感染させたい」と思うのか。

それは多分、そのお店の店主に**「熱量の高い、バカな成分」**があるかどうかなのだと思います。

人に感染させる力や、人を通じて「ここの味や商品を知ってほしい」と思われるときって、どこか「理屈や損得に合わないような熱量がそこに込められている」という状態があると思うのです。

## 嗅覚を磨く場所

実は、熱量を受け取る器官は「鼻」なのです。鼻は「自分の未来につながる話をキャッチする重要な器官」。

未来が開けていくときって、その人の「鼻」が急に活性化しだすのです。

ほら、「嗅覚」という言葉があるように「なんかこの人にピーンときた」とか「なぜか、この話にピーンときたのよね」とか、そういう話があるでしょう?

あれは未来がやってくる前に、その人の「鼻」が動いている状態なのです。

わかりやすい例として、少し疲れてくると「何を食べたいかよくわからない」という日も出てくるじゃないですか。

「今日、何食べたい?」「今度なにか食べに行こうよ」と誘われても「あー、なにも食べたいものが思い浮かばないな……」という日って、どの人にもあると思うのです。

そういうときは、おそらく「鼻」が閉じています。これは一種の防衛本能です。

つまり、嗅覚を最大限に活かすことができれば、「あるチャンスに立ち会ったときに、一気にそのチャンスをとらえる距離に行く」ことができるのです。

具体的に鼻をどうやって動かすか。

そのやり方が先ほどの「熱量のあるお店や、人に触れてみる」こと。

そして、僕がおすすめしたいもうひとつのやり方が、

**「人があまりいない朝、もしくは午前中に、有名な神社・仏閣に行ってみて深呼吸してくること」**。

神社や仏閣は「多くの人が大切な気持ちを込めて訪れる場所」ですから、そこを管理する方々によって大切に掃き清められています。

遠くにある場所だったら近くの宿で1泊してもいいから、早朝に、できれば朝9時までに行ってみる。

お寺なら門、神社なら参道の鳥居など、境内に入ったときにまず深呼吸。外から内側に入ったときの空気の変化を、深呼吸とともに感じ取ってみてください。

朝9時のハードルが鬼のように高かったら日中でも大丈夫です。その場合は15時くら

いままでに行ってみてください。

「特別な空気が流れるところに一歩足を踏み入れたときに感じる空気」を大事に感じられる人は、チャンスの匂いにも「ピーン」ときます。

聖地に行って手を合わせ「今までいろいろな人に助けられてきました」と目を閉じて言うとき、その人の体から出ている雰囲気にピーンとした清潔感があります。

「居住まい（姿勢）を正す」という時間や場所、人間関係を持っている人って、着実に「売れる」感覚を身につけていきます。

「普段の自分はふざけているけれど、尊敬する人の前ではちゃんとやりたいんだよ」って、誰に強制されるわけでもないのに、できる人。

もうその時点で「この人の素晴らしさを誰かに伝えたい」って周囲から思われている可能性が高いです。

## 好きなものを即答する

さらに、鼻の感覚をよくするための、いちばんいいやり方は何か。

「○○さんの好きな色は？」↓「赤！（即答）」

以上です（笑）。

えーとですね、本当にこれだけなんですよ。訓練によってできます。

**「好きなものを、即答する訓練」をすることが、鼻を効かすための最大級のやり方です。**

もちろん、生活すべてにおいて好きなものを即答する必要はありません。

僕は、好きな色がネイビーに近いブルーや、黒なのですが、「あなたの好きな色はなんですか？」と聞かれたときに、どう答えるでしょう。

①「うーん、何だろう、青かなぁ」

②「えーとですね、青！」

③「青！　僕、すっげー青好きなんですよ！」

④「好きな色というのはいろいろな形がありますからね。仕事モードによってもちがうし、プライベートの感覚によってもちがいますし。そういえば昨日……」

代表的な4種類の答え方です。鼻の感覚にとっていちばんよい回答は③なんですね。これはすごく難しいとも思います。こういうまわりと自分の温度が上がるような回答ができる人って、普段からのキャラクターもあるし、いきなり「俺、すっげー青好き！」って絶叫しちゃうと、まわりを寒くさせてしまうかもしれません。

だから、別に③以外の回答でもまったく悪くないのです。

ただ、自分の生活のどこかひとつだけでも③のような、

「私、めちゃくちゃ○○が好きなんですよ！」


っていう、理由なく「好き！」と絶叫しちゃうようなものをひとつ、持っておいてほしいのです。ポーズでも、大げさになってもかまいません。

「モノ」や「人」が難しければ、「好きな時間」「好きな空間」でもいいです。

「大きな声では言えないんですけどね、私、新宿の西口のビル街が好きなんですよ。ビジネス街だけど、ホテルも多いから日本全国から人が集まってきますよね。街全体が無機質で機械的な感じだけど、そういう機械の谷のようなところから人が出てくるのを見るのが大好きなんです。あそこを散歩すると、なぜか私は癒やされるんですよ」

とか、そういうわけのわからない「好き」で、僕はいいと思います。

**人に好かれる人、愛をプレゼントされやすい人って、自分の半径5メートル以内にあるあれこれをきちんと愛し、「好き」と命名してきた人たち**なんじゃないか。

だって、コーヒーを淹れる時間が大好きな人がつくるコーヒーってとてもおいしいし、そういう人の近くにいると「幸せを分けてもらった気分」になれる。

好きを受け取る人は、自分の「こだわりのある好き」を持っている人です。そして、その「好き」に触れる時間を生活の中できちんと持てている。

そういうことを書きたかったのですが、ちょっと長くなってしまいました。

# 「興味がないんです」より「興味を持ってみますね」

僕にはいくつか「言わないほうがいいだろうと思うせりふ」があって、その筆頭がこの見出しの、

「人に興味がないんです」

なのです。

もちろん、普段このせりふを言いがちな人を責めようというつもりはありません。

僕がこれまで出会ってきた人々の中にも（思春期の人からもっと年を重ねた人まで）、

「私、人に興味がないんです」

と、おっしゃる人はしばしばいます。

だけど、言葉って恐ろしい側面もあって、**ある言葉づかいが、注意していないと「本人**

**が思っている以上の効果を発揮してしまうこと」があるの**です。

その第1位といってもいい言葉が「興味がない」というせりふなのです。

この言葉をあまり意識しないで、なにか会話を投げかけられるたびに「あ、私、それ興味ないです（ツーン）」とやり続けてしまうと、自分が想像していた以上に、自分の世界観が閉じられてしまうんじゃないか――。

## 「私、人に興味がないんです」

そもそも人に興味がない人は、一定の信条や「物事はこうあるべき」という価値観を押しつけられるのが苦手だと思うのです。

「あなたもこれぐらいの年齢になったらお寿司屋さんぐらい行かないと」とか、そうやって「押しつけられること」に対して、言葉以上のプレッシャーを覚えたり、嫌な感じが残ったりしやすいのかもしれません。

ここから先はまったく僕個人の考え方で、「これが絶対正しい」とか「みんなもこうしたほうがいい」とかいうことを押しつけたいわけではありません。僕自身も正直、

「興味がない」

あるいは、

「僕、人に興味がないんです」

と感じることがあります。

でも、いつでもどこでも「自分の心の声に忠実でいる」というのは、少し違うと僕は考えてしまいます。**正直に自分を表現することは「もっと私のことを大切にして。気をつかって」と、相手に対して「接待しろ」と要求することでもある**からです。

だから、僕自身は「興味がない」というニュアンスを伝えるために、多少、ズラして発言するようにしています。

「いやぁ、僕はそこ、超興味ないんですよ！」

または、

「あー、あの人ですね。ちょっと残念だけど、僕はあの人にはそこまで興味ないんですよ」

とかね。人類全般に興味がないと宣言しちゃうのではなくて「〝あの人〟とか〝それ〟には興味が今までなかったですね、ごめんなさい」と言ってしまう。

自分が上の立場になって「はねのける」のではなくて、「いやぁ、ごめんなさい。これまで興味持ってこなかったですねぇ」と下の立場になって、とりあえず1回は受け止めようとしてみる。

どうしてそこまで気をつけるかというと、占いという仕事を長く続けてきて、

「興味がない」

という言葉はかなりの「逆・パワーワード」のひとつになってしまう可能性があるように感じてきたからです。

「私、人に興味がないんです」

と口に出してしまった人の周囲には、静かだけどかなり強力な「人を遮断するバリア」が張られる印象があるのです。

たとえば、友だち同士で集まる機会があって「A子はどういう人が好きなの？」などと聞かれる。正直、心の中では「うわー、面倒くせー質問来たなぁ」と思ったりする。そういうとき、「いや、今、恋愛には興味を持てないんだよね」と答えるのと「私、人に興味がないんだよね」と言うのって、どちらに言葉としての破壊力があるでしょうか。それはやっぱり後者なのです。

**その言葉を言った瞬間に、誰もその人のもとに、なにかを届けることができなくなってしまいます。**

##  失礼な相手を遮断するために

もちろん、自分の心がいっぱいいっぱいのときは別です。

自分なりにがんばってきたことに共感もされないで、毎日勉強しろと言われる。

そういう環境で目上の人に「〇〇ちゃんはちゃんとした学校に行って、将来のためにがんばるんでしょう？」と押しつけられたら、「いや、私は、いい大学に行っていい会社に入らなきゃいけないとか、そういうの興味ないんだよ」と、言いたくなる。そういう拒絶ってありなんです。

なぜ拒絶しなければいけないかというと、相手からの図々しい「失礼」とか「非礼」があるから。そういう場合は、目の前にいる相手を「興味ない」と言って遮断していいのです。

「興味ない」というせりふは、遮断の威力がもっともある言葉のひとつです。

だから「使い方には注意しなければならない」と、個人的には考えています。

**興味がないことに対して、嘘でも「いやぁ、じゃあ、今から興味持ってみようかな？」と言えたら、それは自分の目の前の扉を開く魔法です。**

なにを隠そう、僕自身が20代のころはまわりからの投げかけに「興味がない」と言い続けてバリアを張ってきました。当時、そのバリアが必要だと思っていたのです。

でも、「ピンクの服？　僕がですか？　えー、興味はなかったけど、似合うのかな。ちょっと興味持ってみますね、ピンクに」とか、そういうことを言えるようになってから、人生が具体的に転がりはじめたのです。

それがたとえお世辞だったとしても、自分の中で「他人から指摘される可能性を受け入れてみよう」としはじめたころだったのです。

バリアに飽きた人は、「興味を持ってみますね」という言葉を魔法だと思ってちょくちょく使ってみてください。人生にけっこうな動きが実感できますよ。

# ネットやSNSとの距離感

先日、久しぶりに複数人で、ネットを使ってリモート会議をしたんですよ。イベントの打ち合わせでした。時間割をどうするとか、「この場面ではこういうことを言ってほしい」とか、そういう内容です。

普段占いで使う脳みそのほうではなくて、久しぶりに「社会人としての脳みそ」を使いました。なんだかほどよく頭が疲れて、個人的には大変満足したんです。

その数時間後にＳＮＳを見たら、ある人の失言が話題になっていました。そのニュースに対して個人的に思うことはいろいろあったのですが、あんまりそのニュースがダメージとして侵入してこなかったのです。「ふーん」という感じで。

２０２０年から２０２１年にかけて多くの人が社会や組織、そして、普段の人間関係（家族や友だちや会社の人など）から遮断されてしまいました。

接するものといえばネットの情報や、ＳＮＳだけになった。これってやっぱりすごいことでしょう。

ネットニュースを含むネットの情報やＳＮＳって、２０２０年のコロナ禍以降、かなり過激になったと個人的に思います。しかし、それは**ネット上の情報なり、言葉なりを「ふーん」という感じで受け取るためのクッションがなくなっていたことも大きい**んじゃないかと考えたのです。

## 人と直接会えなくなって失ったこと

冒頭に書いたように、僕にとっての久しぶりの複数人のリモート会議は、かなりがんばった〝出勤体験〟でした。

普段使わない脳みそを使ったし、初めて会う人に「あ、はじめまして」なんてあいさつしたり、久しぶりに会う人の顔を見てホッとしたり。

「なんかふざけた雑談をしたいなぁ」と思っても、みんなの時間を奪っちゃいけないから自重したり。その「脳みそや気のつかい方」が、自分の家では体験できない、久しぶりの新鮮さだったのです。

出勤して人と会うことが「すべて」とは言わないけれど、そこで得た「ほどよい疲れ」とか「ほどよい〝今日も働いたぞ〟感」って大切なのかもしれない。それで「ただいま〜」と帰ってきたときに見るネットやSNSの情報って、だいたい「ふーん」で、すますことができるものかもしれない。

今、各自「ほどよいお疲れさま感」がクッションとしてあいだに入らず、情報や誰かの空想が直接「ドーン」と目の前に用意される。それってかなり〝不健康〟なのだと思いました。

ある種の「お疲れ〜」というクッションがあると、夜寝る前のテキトーな余力でアップされたSNSの情報は、見る側もすごく安心して見られます。「あ、このあいだ食べたイチゴパフェの画像載せておこう」というノリの投稿ですね。

その反対に、全力の「闘争テーマ」のようなBGMがかかっているSNSの投稿は、受け取り側が「うっ」となってしまう。

だからこそ、SNSは投稿する側、つまり、送り手のほうが受け手に対する「距離感」を測るべきツールなのかもしれません。

## 「送信ボタン」を押す前に

あらためて、受信側も送信する側も、SNS上の「距離感」をどうやってつくるのかが課題になってくると思います。それこそ**送信ボタンを押す前に、自分なりの「クッション」を設けたほうがいい。**


たとえば、自分の気持ちが高ぶりすぎているとき、もしくは、あんまり元気がなくて「書くことが見当たらない」と感じているときは、物理的に「そのへんを散歩してくること」がクッションになってくれたりします。

「思いをそのまま投稿ボタンにぶつける」という行為は、こちらの今の空気感を、そのまま世界に向けて送り出すことになるから。

アツアツの想いについては、散歩をして距離を取ると、送り出すときに適温になってくれます。

サメザメとした想いは、散歩をして体を動かすと、「今日は書けないけど、ちょっと気分転換になったぞ」と、1歩に満たなくても、0・5歩の前進があるかもしれない。

僕らはこれから先もネットの情報とSNSに、うまくつき合っていかなければならないのです。

ネガティブな要素はあるかもしれないけど、それがあるおかげで、自分の生活圏内には存在しない情報に対して、「窓」を開いてくれているわけだから。


でももし、「自分は今、ネットの情報を見るとダメージを受けてしまう」と感じたら。距離を取れる人は取ってみてください。でも、それはなかなか難しい。

情報の遮断って、3日ぐらいはできたとしても、長期的に続けていくのは難しかったりする。それに、ネット情報やSNSは「ストレスになればなるほど見たくなる」という、一種の依存状態になっていくことも多いです。

そういうときは**「3秒でババーッとトピックだけ見る」**という、「秒の勝負」をしたほうがいいです。サッとそれをやると、脳みそのほうも「情報を見た」という一定の満足感を得られるから。

自分の知らない誰かの空気感が、そのまま自分に向けられる暴力になる場合もある。あるいは、自分が加害者になるかもしれないし、誰かの発言によって被害者になってしまうこともある。

現代の偉大な発明品であるネットやSNSを適度に使いこなし、かつ、うまくおつき合いをしていくためには、「お疲れ〜」というクッションが必要なのだと、あらためて思いました。

ほどよい疲労感は、張りつめた気持ちや、緊張している頭脳に対して、ふんわりとした緩衝《かんしょう》材になってくれるから。

## 「ありがとう」をナイスキャッチする

「お礼を受け取るのが苦手な人」っていますよね。次の項目に何個か当てはまる人がいたら、それは「お礼を受け取るのが苦手な人」だと思ってほしいのです。

では、いきますよ。

①ごはんをご馳走になるのが苦手

②本当に心を許した人以外、ご飯を食べにいくのは業務モードにならないとできない

③仕事や用事が終わって、エレベーターや入り口まで送られるのが苦手

④「○○さんってこういうところすごいですよね」とか「○○さんのおかげで助かりました」と言われても、「いえいえ、私なんて全然お役に立てずに、いつもご迷惑ばかりをおかけしてしまって」と、少し過剰な謙遜《けんそん》をしてしまう

⑤基本的に、他人に会うのは疲れる

はい。ちょっとネガティブな気持ちになってしまったら、ごめんなさい。

この項目で5個全部当てはまる、もしくは④の「『○○さんってこういうところすごいですよね』とか『○○さんのおかげで助かりました』と言われても、『いえいえ、私なんて全然お役に立てずに、いつもご迷惑ばかりをおかけしてしまって』と、少し過剰な謙遜をしてしまう」の項目が強く当てはまる人って、明らかに「お礼を受け取るのが苦手な人」です。

# 1匹オオカミは、お礼を受け取るのが苦手

昔から気になっているのですが、誰よりもがんばって、みんなのためにめちゃくちゃ貢献しているのに、どこか**「幸福の取り分が少ない人」**がいます。

「え、あなたぐらいの人だったら、もっと今、幸せでもいいはずでしょう?」とこちら側は思っていても、どこか「いえいえ、私なんて……」と拒絶しちゃう。

「すごくいい人なんだけど、デフォルトで人に対してバリアを張ってしまうところがある。他人に自分の領域に踏み込まれるのがめちゃくちゃ怖い人」

なんですよね。こういう人は褒められたり、お礼を言われたりすると、「いえいえ、本当に私なんてご迷惑をかけてばかりで」って答えちゃうんです。

で、僕の余計なお節介としてのアドバイスなのですが、「お礼を受け取る」ことは、どこかで意識して訓練したほうがいいです。**お礼を受け取るって〝訓練〟なのです。**

「いやぁ、今回、〇〇さんのおかげで助かりました」

と言われたら、**それがたとえ「100％の社交辞令」として感じられたとしても、「そう言っていただいて、ありがとうございます」と、直接言うか、心の中で言ってみる。**そういう訓練ってけっこう大事。

「自分を否定し続ける」のは、なかなか怖いことなのです。

もちろん、ポジティブ思考の自己啓発書みたいに、いつも「私のおかげですよね！」って思いましょう！　なんて、そんな無茶なことは言いませんよ。

でも、「いえいえいえ」ってブンブン手を振って、本気で「うわあ、褒められるのが苦手！　早くこの場面から逃げたい」と思っちゃうと、いつの間にかそういう場面で「つねに本気で自分のがんばりを否定してしまう人」になってしまいます。だから、

「そう言っていただいて、どうもありがとうございます」

というせりふは、つねに心の中から出せる準備はしておいたほうがいいかもしれません。

# 正しい中指の立て方

自分の話で恐縮なのですが、僕が30代に差しかかるころ、進路について生涯最大の決断をしたことがあったのです。

自分の心のままに進路を突き進むために。

あのころ、自分を進ませてくれたいちばんの原動力って、間違いなく「怒り」だったのです。

さまざまな感情が渦巻く中で「このままで終わらせるわけにはいかない」「見返したい」「自分の可能性を試してみたい」、そういう思いがありました。

本気で「他人のせいではなく、自分ごととして向き合えた」根底には、自分の中に確かな怒りがあったからだと思います。

## エンジンになる怒り、傷つける怒り

怒りって、もちろんネガティブなものでもあります。一方で、**怒りは「自分が今いる場所から、違う場所へ連れていってくれる原動力」になる**こともあります。

たとえば、自分が普段通っている場所や、仕事をしている職場などに対して「どうしてもこれは嫌なんだよね」とか、もっと言うと「私は絶対許せないんだよ」という、3つぐらいの大きな怒りを感じたときに、人はその場所から離れ、次の可能性を本気で模索したりする。

その途中でくじけそうになったら「またあの場所に戻っていいの？」と自分を鼓舞することもできる。

そういう意味で、怒りは使い方によっては「今まで見られなかった風景」を見させてくれる。ものすごい力を発揮してくれることもあるのです。

一方で、怒りによる行動は全然ロマンチックなものではなくて、自覚している以上に、自分のまわりを傷つけてしまう可能性もあります。怒りを美化したい気持ちは大してありません。あくまで怒りは「緊急事態時に、使い方を誤らなければ」すごい力を発揮するものだと言いたいのです。

今回はその怒りにちなんだ「正しい中指の立て方」についてお話していきます。これはふざけているわけではなくて「正しい中指の立て方」ってあるのです。

中指を立てる、つまり、世の中に対して怒りを表明する、自分自身が怒った人になるのって、かなり過激なことです。

たとえば、「普段の生活の中で職場の理不尽や、なにかに怒っている人」って、本人もわざとやっているケースもあったりしますよね。

つまり、笑える範囲の怒り。「いや〜、もうさ、聞いてくださいよ。私のいる会社、本当に終わってるんですよ〜」とか。

それに、いろいろなことに対して怒りが発生する人って、頭がいい部類の人だとも思うのです。**「え、これおかしくない？」というのは、一種のツッコミ能力**なわけだから。

短時間でおかしいところや危ないものを見抜いて、「いやいや、それちがうでしょ」と反応できることって、並たいていの観察力じゃない。

「笑える範囲の怒り」を持っている人、そして「観察力系の怒り」を持っている人って、人気があります。怒りって、本人の「観察力の鋭さ」を表現する、一種の方法でもあるからです。

## 心を死なせないために

ただ、いつの日か「笑い話にしていた怒りが本当に笑えなくなってしまった」という日が来るかもしれない。「いやいや、違うでしょ」とツッコミを入れていたような怒りに対して、ツッコミを入れる気力もわかなくなるような日々が続いてしまうことがあるかもしれない。

そのときはやはり、「今後どうするか」を考えなければいけないと思います。というのは、人には「これだけはどうしても許せない」という一線があります。これ、大事なことなのでちゃんと言いたいです。

**「本当に許せないもの」って、人によって全然ちがうのです。**他の人にとってみたら「それぐらいのこと」でも、その人にとってみたら、その許せないポイントを刺激され続けると本当にしんどくなる。

大げさな話、「自分の一部が死んでいくような感覚」すら覚えることがある。そういう感覚を覚えたら、勇気を出して1回はそれを当事者に伝えてみることも必要かもしれません。

「これは本当に嫌なんです」って。

そこで大事なのは論理を組み立てることではなくて「私にとって必死の問題なのだ」ということを伝える。それが伝わらなかったら、次に移れますね。「この人は話し合える人じゃない」。それがわかっただけでも、けっこう大きな1歩なのです。

怒りって不完全燃焼でくすぶり続けると、大きなダメージがきます。そして、その怒りは**「決断できなかった自分」**や**「放置してきた自分」に向かう**ことになっちゃう。

そうすると、しばらくその人の時間は怒りにまみれることになります。

長いあいだ、自分の働きを正しく評価されなかった人は、どこかで過剰に人の行いの評価をしたくなるかもしれない。

長らく自分の価値を不当にあつかわれてきた人の場合、やはり「世の中の不当なあつかい全般」に対して怒りが再燃するかもしれない。

## 最後に「今まで、ありがとう」

自分が怒りにまみれそうになったら。心が動かなくなってしまったら。

そしたらもう、中指を立てていきましょう。

具体的な中指の立て方。それは、**「今まで、ありがとうございました」とちゃんとつぶやきながら、心の中で中指を立てること**なのです。

「今まで、ありがとうございました」って、すごく自分を守ってくれる言葉です。できれば毎日つぶやき続けてみてください。そうすると、「ありがとう」と伝える相手や対象を「過去」にしていくことができる。

「自分はここでいろいろなことを学んだし、教えてもらった。お世話にもなった。だけど、もう価値は共有できない」と宣言していくせりふが「今まで、ありがとうございました」だから。

「生ぬるい」と感じる人もいらっしゃると思います。でも、**怒りってあくまでも自分を変化させる「手段」**。

怒ることを「目的」にしてしまうと、またちょっとちがう話になってしまいます。

本当に中指を立てたその日から、自分にひどい仕打ちをした人に対して「地獄に落ちますように」とか「悪いことが起きますように」と考えてもいいと思います。

一方で、**自分が同じレベルに落ちないように、自分を省みることもちゃんとやる。**「私はすごい。徳が高いなぁ」と自画自賛することも忘れずに。

自分に植えつけられたある怒りを卒業できたとき、きっと「今まで見てきた悪夢」に必ず変化が訪れます。悪夢が少しコミカルになったり、そこまで大ごとじゃなくなったり。その変化って必ずわかるから。

もし、その悪夢に変化があったとわかったら、必ず自分に祝杯をあげてください。「よくがんばってきました。私はあなたを誇りに思います」って。

# 「期待に応えない」という訓練

さまざまなメディアで人生相談を受けつけていると、「期待に応えることについて」聞かれる機会が多いです。「期待に応える」って、幼いころからみなさんの心の中や頭の中に、しっかり内在化していますからね。

◇電車の中でおとなしくしている
◇テストでいい点数を取る
◇友だちと仲よくする
◇誰かを困らせない
◇誰かに迷惑をかけない
◇「やって」と言われて、相手が予測した以上の結果を出す
◇「ここで決めてこい」と言われてバッターボックスに送り出される

◇「そろそろこの会社に属して1年。結果を出さなきゃ」
◇「仕事も忙しいけど、未来の彼氏のために料理もうまくならなきゃ」

こういうことって、達成できればもちろんすごくうれしいことでもあるし、プレッシャーがまったくない人生というのも、なんだか味気ないと個人的には思います。

でも、強く言っておきたいのが、「期待に誠実に応えよう」とする人の中には**「まだ頼まれていない、未来のプレッシャー」まで引き受けようとしちゃう人**もいるということ。

未来の彼に対して、おいしいごはんをつくれるようになんてならなくていいです。

自分でごはんつくって勝手に食べてればいいんです。

僕は「期待される」とか「期待に応える」という感覚は、唐辛子みたいなスパイスだと考えています。

なんだか元気がなかったり、食欲がなかったりするときに「スパイスの効いた辛い料理」を食べると「よし、がんばるぞ」ってなるでしょう。そういう元気につながるんじゃないか。夏にコショウが効いたスパイシーチキンを食べたくなる気持ちと同じ。

一方で、スパイスの効いた食事って、カンフル剤としていいけれど、常食しすぎるといつかお腹を壊してしまいます。

そういうメリットとデメリットが「期待に応える」にはあるのではないでしょうか。

## 「3割断る」くらいでOK

先日、小さなお子さんのいるお母さんからこういう相談を受けたのです。

その方のお母さんが孫の誕生をめちゃくちゃ喜んで、いろいろお洋服を送ってくると。

そして、その洋服のセンスが合わないと(笑)。

これって似たようなシチュエーションが、多くの人にあると思うのです。

「今度ごはん行こうよ」と誘われたとして、「あ！　すごく行きたいです！」という相手と「うーん、今月は忙しいんだよな。それに、この人にはプライベートにまでは踏み込まれたくないしなぁ」と思うような相手って分かれたりしますよね。でも、

「相手がよかれと思ってやってくれたこと、誘ってくれたことをむげに断る」

これをすごいダメージだと感じてしまう人が、この世にはけっこうたくさんいらっしゃるのです。その逆に、自分のやりたいことをどんどんやっている人の中には「断るのがうまい人」がいたりします。たとえば、

「今度ごはん行きましょうよ」と言われても、

「あー！　絶対行きたいです！　予定確認しますね！」

←

「すみません、ちょっとバタバタしてしまっていて、またこちらからご連絡させてください！」

とか。そういう人って、**自分で「いい加減なやつ」というキャラクターを世間に向けてPRしていたりする。**

「なによ、あなた、何回誘ってもダメじゃないの」

「いや、本当に、私『アベンジャーズ』全話、観終わるまでは積極的な行動ができないんですよ」

こういうキャラになっちゃえば、こっちのもんなんです（笑）。

もちろん、社会的信用や周囲にいる人との関係から「ふざけたいい加減キャラ」になることが難しい人もいると思います。その場合に「どういうキャラ」になればいいのかは、個別の事情によるのかもしれません。だけど、

**「期待されることの3割は応えなくていい」**


と思ってほしいのです。

期待の10割に応え続けようとすると、どうなるか。

「あなたに期待をしたほうはあなたの存在を忘れ、その人たちの期待に応えようとめちゃくちゃがんばってきた本人は、無理がたたってどこかが折れる」


という結果になっちゃうこともある。

「断るのが申し訳ない」

「嫌われるのが怖い」

「もっとがんばったらできるんじゃないか」


と思ってしまう人はどうすればいいか。

それは、手帳や冷蔵庫、スマホのよく見る場所に、

**「今の私は何をがんばっているのか」**


を書いて1日1回は眺めてください。自分の中に方針や芯、あるいは支柱があると、それ以外のことへの対応ってけっこううまくなれるのです。

「あ、私は今、これをがんばっている最中だから、あっちは断ろう。また別の機会に」

と、判断できたり、「このケースの期待には応えなくていいや」という大義名分が成り立ったりするのです。

いい人間関係って、仕事の面でも、プライベートの面でも「あなたはあなたでがんばれ。私は私でがんばるからさ」と、ある程度お互いのことを放任し合える関係でもあります。

誰かに喜んでもらえることは尊いです。でも、それによって自分の時間を削りすぎてはいけない。

**あなたが誰かにとって優しくすることで、自分自身に対して優しくなくなってしまうのはちがう。**

「あなたはあなたでがんばって」と心の中で相手に伝えると、わりと断りやすくなったりもします。

# 「100点満点」をつける

ずっと疑問だったことのひとつに、「自信は、どうやってつければいいのか？」ということがありました。

よく酒場トークなんかでも「先輩はどうやって自信つけたんスか？」「やっぱ、慣れじゃね？　場数踏まなきゃダメよ」なんて、そういう応答がありますよね。

僕の意見としては、**自信は「自分に100点をつけることから始めるべきなんじゃないか」と思う**のです。

自分に100点をつけるとは、どういうことなのかご説明していきましょう。

占いの個人鑑定でいろいろな方にお会いする機会がありました。数としては少なかったけれど、占いを「相談」や「未来予知」のために使うわけではなく、「自己採点の場所」として使うような人たちが何割かいらっしゃいました。

彼ら・彼女らはプロとして自分の現場を任されていたり、「自分の人生、やりたいように生きていきたい」と、なにかから拘束されるのではなくて、自由を尊重した生き方をしている人たちでした。

一方で、「自由な人生」を貫くために、彼らは自分自身に対してつねに「自己採点」を行っていたのです。

人は、生きているかぎり他者の評価から逃れることはできません。評価されるのがキツいときもあります。「放っておいてくれ」と思うときもあります。

しかし、僕たち自身は日々、商品やサービスを使うときに、「この○○は使いやすいな/使い勝手が悪いな」などと評価を下しています。

好むと好まざるとにかかわらず、生きていく上で、評価は必要。

しかし、他人からの評価や採点を受け続けると、自分自身が消耗していくことにもつながります。「他人の期待に応え続ける」というのは、いちじるしく自分を消耗させます。

だって、**他人の理想像は、他人の勝手だから。**そこに自分のすべてをあずけてしまうと単に「他人にとって都合のいい人」になってしまう。

実際、「いい人であること」がとりえになって、ボロボロに削られていることもあるのです。期待をかけるほうも悪意はありません。

**「喜んでもらってうれしい」と、期待に応え続けてしまった結果の悲劇**です。

## 正しい「1人反省会」のやり方

話を戻して、前述のプロたちは他者採点の「ウケた」とか「評判がよかった」、もしくは「イマイチだった」ということに左右されない、「自己評価」の儀式を必ずしているように思えました。

「今回はウケがよかったけど、自分の中では65点。課題がいろいろ見つかった」とか。いわゆる「1人反省会」みたいなことをする。

でも、ここで重要なのは、自己評価でも「ケチをつけたり、反省したりしようと思えばいくらでもできる」わけなんです。世の中に完璧なんてないのだから。

プロって、自分の仕事や表現を続けていかなきゃいけない。ただでさえ、傷つく機会はいくらでもあるわけですし。

だからこそ、自己採点をするときに大事なのが**「どこか100点を取った部分を見つけ出すこと」**なのです。

「今日の打ち合わせ、あいさつは大きな声でできたし、先方も喜んでいた。100点！」とか。この100点は、いい加減な100点でかまわないです。

「自分に厳しくする」というのは、ある面においてはとても大切です。でも、鋼《はがね》のメンタルを持つ人以外、**自分に厳しくし続けることで「よーし、今日もがんばるぞ」という気分を保つことはできない。**

だから、大甘でもいいので、「ここは100点だったな、私」と、言ってみてください。

## 自信は、自分で守り続けなければいけない

自信って、土から顔を出したばかりの大切な芽のようなものです。

いろいろなハプニングにあったり、他人からのひと言によって、簡単に踏みつけられてしまうからです。

どんなにがんばってもいい仕事ができないときもあるし、イライラが重なって自分のペースをつくれないときもある。

だからこそ「何やってんだ、私！」と怒っちゃうこともあるのですが、「あのときの私は、まぎれもなく100点だった。だって、あの日疲れてたのに、帰りにきれいなお皿が見たいと思ってお店に寄ったんだもの。やっぱり美を愛する気持ちは失われないんですねぇ。100点！」とか。

**ふざけていてもいいので、100点をどこかにつけてほしいです。**

最後に、今日の僕の100点を書いておきましょう。

今日はものすごく仕事が重なってボロボロだったのですが、昼間に食べたケーキがおいしかったので、その部分は100点をつけました。

今日1日を生きて、ベッドにたどりつければもう、それだけで100点です。

# 4

# 折れない
# ココロの極意

——「悪運」と
「エネルギー吸血鬼」を
シャットダウン！

# 「憎たらしいアイツ」と会う回数を決める

いきなりこんな見出しでなんですが、どうしても気が合わない人っているじゃないですか。その人がいると想像するだけでちょっと憂うつになってしまったり、その人が自分だけに意地悪だという気がしたり。

これって生きていく上で大きな問題だと思うのです。

たとえば、休みが1週間取れて、そのタイミングで都合よく宝くじとかが当たっちゃって、ハワイにバカンスに行こうとなる。でも、ふと、帰ってきたときに「あの人がいる」と考えるだけで、その時点でテンションが落ちていってしまうような。

余談なのですが、**僕が会ってきた人々のうち「運がいい人」って、もう才能みたいに「それはそれ、これはこれ」という切り替えができてしまう人たち**でした。

はじめは難しいかもしれないし、コンディションに左右されたりもするのですが。

「あー、確かにあの人は苦手だけど、これからハワイ行くから。楽しまなきゃ損でしょ!」って。そういう思考が得意な人と、不得意な人がいるみたいです。

では、「人間関係の憂うつを引きずってしまうほうの人」はどうしたらいいのでしょうか。

## 不思議な脳の力を活かす

これは右ページの見出しどおりなのですが、苦手な相手と会うときは回数を決めてしまったほうがいいと思います。

もちろん、そこまで会わなくてもいい人の場合は、遠慮なく距離を取っていてよいのです。

でも、この世にはどうしても「逃げられない相手」がいたりします。異動先の部署にいる上司とか、合わない同僚とか。

そういう、「逃げられない環境」に入ってしまったときはどうしたらいいか。

それが、「会う回数を決める」ということなのです。

僕は、「会う回数」はだいたい50回ぐらいで設定するのがいいと思います。

「この人は苦手だけど、私も大人だから会わないわけにはいかない。よし、だからこの人に会うのは50回って決めよう。今日会ったら残りは49回」

というふうに決めちゃうのです。ここで不思議なことが起こってきます。

これはおそらく科学的にも、脳の動きとしてあると思うのですが、**「この人に会わないために、この人とはちがう人と出会っていくためにがんばる」という目標を立てると、そこに向かってあらゆる能力を発揮していったり、自分の周辺にあるチャンスを逃さなかったりする**のです。

脳にはとても不思議なしくみがあって（あんまりこういう話を続けると、エセ科学みたいでちょっと苦手な人はごめんなさい）、なにも設定をしないと、目の前にあるものごとが自動的に「その人の目標」として設定されてしまったりします。つまり、

「嫌な人と会うのが目標」

に、なっちゃったりするのです。

苦手な人に回数を決めて会う。すると、その決めた回数だけ、「心を尽くす」ことができるんですね。営業モードというか、プロの接客モードとして相手を怒らせないように、きちんと接することができたりする。

回数を決めているからこそ、多少の理不尽があったとしても「かわしたり、スルーしたりするリミット」がわかっているから、いつも以上に対応できたりする。

そうすると、50回に達する前に、20数回で「近くにはいるんだけど、遠い人」というような距離感になっていきます。

また、苦手な相手からも「この件はあなたに任せるよ」と距離が遠くなったりします。

## 嫌いな人や苦手な人とも信頼関係は築くことができる

これは僕の経験則ですが、嫌いな人や苦手な人とも、信頼関係は築くことができます。

よっぽど理不尽な人は除いて、こちら側も隙を見せないでがんばっていると「まぁ、でも、あいつには意地悪するのをやめようぜ。支持者も多いし」といって攻撃してこなくなるケースってけっこうたくさんあります。

「あいつやるじゃねーか」

と、流儀がちがったり、やり方がちがっても、嫌いなやつ同士でお互いを認め合うことができるのです。

だから、目の前に嫌いな人がいても「その人と会わなくなることを目標にしよう」と考えましょう。どうか自分がつぶれたりしないでください。

大丈夫。自分が「この人やだなー」って思う人って、自分以外のけっこう多くの人も「この人やだなー」と思って表面的なつき合いをしています。

だから**「この人はさみしい人なんだな」と思って表面的なつき合いを、回数を決めてやっていきましょう。**

# 苦手な相手のまわりに「お花をちらす」

ちょっと怪しい話をしたいのですが（笑）、前項に続き、もうひとつ「気が合わない人」の対処法です。

今、パッと「気が合わない人」の全身図を写真のように思い浮かべてみましょう。

そのとき、頭の中に現れた写真が「わ、この人近いな」という感じで、ドアップだったら、ほとんどの場合、相手はあなたに関心を持っているか、もしくは「ひと言言いたい」とか、そういうイメージが正しいと思います。

どうしてそういう人が「アップ」で出てくるかというと、自分自身もその人に「ちゃんと話し合わないとな。でも、忙しくてなかなかできなかったし。ちょっとあの人、面倒くさいんだよね」という、少しの罪悪感がある場合も多いからなのです。

ちなみに、頭の中で思い起こした相手のアップに圧迫感を感じたら、できればまだその人とは会わないほうがいいでしょう。その圧迫感がそれほど感じられなくなってきたら、連絡の取りどきです。

## イメージの効果はあなどれない

「この人は苦手だけど、でも、あんまり関係性が悪くなってもやりにくいし。どうしたもんだろう」

と思う相手がいたら、その人と自分とのあいだに、パアッとお花を咲かせてください。

これは全部イメージで。さらに、お花畑をバックに2人で写真を撮るイメージも。**このお花は別にバラのような大層なものではなくて、そのへんの野に咲いているテキトーなお花がいいです。**

ことさらにスピリチュアルな話をしたいわけではなく、人間の持つイメージの力って、なかなかあなどれないものがあるからです。

これが「札束のお風呂の中に入っているイメージを毎日すると、金持ちになれるの？」というと、またちょっとちがいますよ。

さて逆に、今、あなたが苦手な人を頭の中で思い浮かべたとき、少しその人の表情が暗かったり、さみしそうにしている姿が思い浮かべられたとしたら、どうでしょう。「あ、なんか元気なさそう。しょんぼりしている」とか「あ、なんかすごく元気な笑顔が思い浮かんだ」という人に関しては、どちらかというと、

「つかず離れずで、距離感を保つ」

ぐらいがちょうどよいです。

「苦手な人の姿を、頭の中で、目の視覚情報としてイメージできる」

という人は、自分とその人の気の合わなさ度が（まったく気が合わないのを100として）40ぐらいなんですね。まだ、過半数を超えていない。

だから、表面的なコミュニケーションを取ることも可能なのです。

**「苦手な人を、あらためて頭の中でイメージする」ってけっこう大事なこと**で、「あ、この人はさみしそうなんだ」というような情報としてとらえられると、**相手の行動や言動について、自分なりに納得できるようになります。**

「さみしいから横暴なんだ」というふうに思えると、自分もある程度冷静に対応できたりする。

ここでまた余談なのですが、「じゃあ、今、私の気になる人、好きな人についてイメージしてみてもいいですか？」と聞かれるかもしれませんね。

もちろんＯＫなのですが、気になる人をイメージする場合は、おそらくかなり高揚していたり、興奮していたりするので、それはイメージではなくて「妄想」「空想」になってしまうでしょうね。客観的な的中率はかなり低くなると思います。

苦手な人に対する視線って、それよりももうちょっと冷静だから。

# 「関西のおばちゃん」を住まわせる

「悩みを重ねている人って、〝自分の言いたいことが言えない〟タイプの、いわゆる〝いい人〟なんだろうな」ということが多いです。

まず、どういう人が「言いたいことが言えない人」なのかというと、

◇「私がこんなことを言っても相手に迷惑だろうな」

◇「本当は今、苦しいけど、それを他人に言ったところでどうにもならないし」

◇「〝人に言う〟ってどういうこと？　どこまで自分のことを話せばいいの？」

を考え続けてしまう人だと思います。

「言う」ってすごく勇気がいることなのです。

先の3つの例とはちがう角度から、たとえば「飲食店で店員が注文をまちがって、ちがう料理が運ばれてきたら『取り替えて』と言えるか？」は、どうでしょう。

今、この本を読んでくださっているうちの何％かの人が「言えない」って答えると思うのです。

僕もハッキリ言って苦手です。人に自分のことを話すのも苦手ですし、注文をまちがえられても「ま、いいか」と思ってしまうし、お寿司屋さんの注文も多少の勇気がいります（紙に書いて提出できるシステム、最高）。

ただ、**「他人に面と向かって言えない」という性格は、「自分の希望と不快を伝えられず、1人で悩みを抱え続けてしまうデメリット」につながる**ときがあるのです。

「この件に関しては、本当は迷惑だ」

「元気なときならいいけど、毎回こういうことを求められても対応できません」

こういうモヤモヤやイライラって誰しも抱えたことがあると思うのです。そして、現在進行形でそういうモヤモヤを抱えている人もいるでしょう。

では、どうすればいいか。

「他人に対して〝多少ネガティブなことも言える人〟は、自分のことも、他人のことも、けっこう頻繁に褒めている」

という傾向があります。

## 言いにくいことを気軽に言う方法

たとえば、僕はよく元気の出ないとき、頭の中に「関西のおばちゃん」をつくって「あら、ちょっとあんたの今日のセーターええやん」とか言います。

**気軽に褒める。テキトーに褒める。**

不思議なことに、これを実践していると、誰に対しても「あら、ちょっとこれ注文とちがうよ」とフランクに言うことができるようになります。

深夜1時に突然やってくる「ちょっと今、話してもいい？」というLINEに対しても、関西のおばちゃんになりきって「いや、こんなんあかんやろ」と言ってみる。

その後に「ごめーん。私、夜だから寝たいわ」と、変換して相手に伝えるのです。

仕事の無茶な問い合わせに対しても「あんた、も〜。無茶ばっか言わんといてや」と、頭の中でおばちゃんがまず言う。それを変換して「いやぁ、ごめんなさい。これは無理です」と言えるようになったりする。


このワザは自分に対しても使えますよ。

頭の中の関西のおばちゃんにしゃべらせて、自分のことを「パッ」と褒めてみてください。「そのスマホケースの色、渋いやん！」とか、そういうことでOK。

「このミッションが終わったら自分を褒めよう」「もっと自信がついたら自分を褒めよう」ではなく、今「パッ」と目につくところを褒める。それを口に出して言う。それがとても大事なのです。


**「褒める」という、ポジティブなことを口に出して言える人は、ネガティブなこと、もしかしたら相手を不快にさせてしまうことも、きちんと伝えられるようになります。**

# 言葉は「自分へのプレゼント」である

以前、個人鑑定でお会いする人の中に「有言実行の人」がいらっしゃいました。

占いのご相談はだいたい「困ったことがあった」「こんなこと誰にも相談できなくて」とか、弱った状態にある方が多いです。

でも、一定の確率で「なにも悩みはありません」「今、これに向かってがんばっています。別に占わなくていいです。話だけ聞いてください」みたいな人がおられるのですね。「あなた占う必要ないでしょ」と思わず言いたくなる人たちです。

こういう「有言実行の人」は、自分でお店を持つと言って、実際に3年後にお店を持ってしまったりするのです。

中でもいちばん印象的だったのが、「ハワイで美容院をやる」と言っていた人です。

その人は自分の言葉どおりに、数年後にハワイで美容院を開いてしまいました。

## 言霊はあるのか

こういった事例に遭遇すると「言霊《ことだま》はあるのか？」という疑問がわいてきます。

僕は「言霊はある」と思っています。

職業柄、多くの人が「自分の言霊を達成させてしまった」ケースを数多く見てきました。

僕なりの「言霊」の解釈というのがあって、それは、

**「まだ自分がなじんでいない場所に、言葉によって先に居場所をつくること」**

だと思うのです。

たとえば、シンプルに「ハワイに移住したい！」という言霊をかなえてしまう人がいます。

その人は言葉によってまず「ハワイに引っ越す」という現象をイメージするのです。その第1歩は誰にでもできますね。でも、大事なのは「第2歩」からなのです。

言葉（＝言霊）によって、まだ自分がなじんでいないエリアに、先に居場所をつくりはじめる。次の2歩目として、ハワイの行きつけのお店や地元の人が集まるカフェなどで、「現地人にまじって、気に入られちゃう人なのか」が試されるのです。

つまり、**「移住先で、そこの仲間や住人になれるか」**なのです。

先述の「ハワイで美容院を開業してしまった人」は、初めてお会いしたときからハワイに貢献したい気持ちにあふれていて、風貌からして完全に南国の人だった（笑）。

「自分はハワイから多くの贈り物をもらったから、ハワイをよくするためにお手伝いしたい」という気持ちも強くありました。

そういう人が持つ言葉だからこそ、まわりの人を動かすことができたんじゃないかと思います。

##  暮らしの中に〝居場所〟をつくる

言霊とは、ある願いをひたすら強く言い続けることだけではありません。

むしろ、ある人たちにとって「大切な場所」を、自分の居場所として分け与えてくれるように頼んでいくことでもあるのです。

だから、「何を願っていいかわからない」とか「なかなか自分の言霊はかなわない」と思う人は、どんな場所でもいいです。

最初は、自分になじみがなかった場所に、自分の居場所をつくっていくことをおすすめします。

ある喫茶店にとって「いつも窓辺の席に座っておいしそうにコーヒーを飲む人」などでもかまいません。そうすると、その喫茶店のマスターから「あの人、いつもうちのお店に来るのがうれしそうなんだよな」と思ってもらえる。

それが何回か重なると、自分が「ただのお客さん以上で、そのお店の歴史をつくる家族のような存在」になったりする。

別に、そのお店の店主と休日にも会う関係などにはならなくていいです（笑）。
そうではなく、自分が行ったときに「あ、どうも」と言いながら、そこに行くことをうれしく思ってもらえる関係や空間をつくること。自分の生活圏内に「大切に育てていきたい場所」を持っていくこと。

くり返しになりますが、言霊とは語気の強さや願う力の強さより、自分が行きたい「エリア」に迎え入れられる配慮を持つことが大切です。

**言霊をかなえてしまう人、有言実行の人たちは、自分の近くにいる人たちを褒めることが習慣化しています。**

「あなたのこういうところが素敵」とか。いつも知らずしらずのうちに誰かに「プレゼント」を渡しているのですね。

人じゃなくてもいいですよ。「この川辺に咲く桜の木は、どこの桜よりも見事だな」と桜の木にプレゼントを贈る。**その贈ったプレゼントの総数が、どこかで大きなものと引き換えられて、今度は自分に返ってくる、それが「居場所」というプレゼントです。**

まあ、難しく考えずに、自分のまわりにある心が動かされるものたちに「いやぁ、見事だよねぇ」と心の中でプレゼントを贈ってみてください。

# 華麗な「悪意のスルー力」

とても興味深いことのひとつに、この世の中には「悪意をまったく受け取らない人」がいるということです。

そういう人の中にはけっこう苛烈な性格の人もいますし、ハッキリと自分の意見を言うので「この人に泣かされた人も多いだろうな」と想像してしまうほど。でも、本人はケロリとしている。「まぁ、私のことを嫌いな人も多いでしょうね」と笑いながら言うのです。

一方で、毎日一生懸命に生きているのに、たとえば、友だちに誤解されてしまって悪意のダメージを受ける人がいます。

「あの人は○○さんの前でだけ、いい子ぶりっこをしている」などと陰口を叩かれてしまい、ささいなすれちがいで悩んでしまうのです。

かなり多くの人から強い悪意をもらってもケロリとしている人もいるし、たった1人からの小さな悪意も気に病んでしまう人もいる。

その差は、いったい何でしょうか。

## 悪意をあんまり受け取らない人

悪意をあまり受け取らない人の特徴は、ひと言でいうと、

「言いたいことがあるなら私の前でハッキリ言いなよ」


と、**「喧嘩上等」の精神を持てるかどうか**。ある意味、人を信じている人なんですね。

「喧嘩上等」の人は、仲間内のつき合いも、馴れ合いでやっているわけではない。友だちとも恋人とも、「喧嘩」とまちがえられるような激しいコミュニケーションを普段からしているのです。

イメージでいうと、欧米のコミュニケーションに近いというか、相手に「言いたいこ

とは言葉に出してもらわなきゃわからん」とハッキリと言う人。

そして、自分自身も「ハッキリと言われること」に抵抗がない。「あ、それは知らなかった。ごめんね！」とか言えたりする。

**彼らは「目の前で言えないこと」や「自分が知らないところで、自分がなにかを言われること」を、まったく重くとらえていない。**「そういうこと、言う人いるでしょ」というぐらいの認識で放っておく。

「陰で言われることを気にしないですむ人」は、普段から顔を合わせて「激しく言い合える人がいる人」です。

しかし、多くの人は陰で言われることを簡単に「スルーできない」ものでしょう。

## 「あなたも大変なんですね」と言ってみる

悪意というのは、「清浄な空気の中に、少しのモヤッとした湿度とか、気持ち悪い空気を残そうとすること」を目的としています。

たとえば、今日もがんばって仕事や用事をすませて、家に帰ってきたとします。スマホを見たら、なんとなく自分のことがSNSに書いてあるような感じがする。アプリを開いてみると、「今日の○○の発表つまらなかったな」と、ひとりごとが書いてある。もちろん、自分のことじゃないかもしれないし、単に相手も今日のイライラをSNSにぶつけただけなのかもしれない。

でもなんとなく、そういう悪意を見てしまったあとは「いやー、今日も疲れた。お風呂入って寝るか」という幸せな疲労感の中に、4%ぐらいの「モヤッ」が残ります。それを気にすればするほど、その「モヤッ」が10%くらいに増えていってしまう。

もし、あなたが悪意を目にしてしまったら、次の2つのことをやってみてください。

ひとつは、「あの人も大変なんだなぁ」と思うこと。

当然のことながら、**自分の状況がうまくいっていなくて、大変な人ほど悪意を人に向けます**。イライラの八つ当たりであったりするのです。

「相手も大変なんだなぁ」

と心の中でつぶやくと、悪意が「自分に向けられたもの」ではなくて、相手のイライラの八つ当たりだと気づける。

そしてもうひとつは、心の中で手を合わせて「お引き取りください」と明確に言うこと。

自分の空間の中から、不必要な「4％の気持ちの悪い湿度」を追い出すように。

「私の人生にあなたの意見は必要としていません。あなたはあなたのことをがんばれば、いいね！」と思ってほしいのです。

また、「あなたが思っている以上に、私はよくやったわ！」と、相手の指摘を全否定することもおすすめです。

**誰かからの悪意って「その人の寝言」だと思っていい**と思います。

ときどき、明確な攻撃性をもって「ずっと覚醒した状態で、相手がこちらに向かって攻撃をしかけてきている」というケースはもちろんあります。そういう場合はすぐに誰かまわりの人や専門機関に相談したほうがいいです。

でも、多くの悪意は「なんか、あいつ気にくわない」とか「なんでこの人はこの程度でちやほやされているんだ」というレベルです。明確な意志というよりは、どこか酸欠状態でつぶやかれていることがほとんどでしょう。

ライバルを追い抜こうとしている人は、ちゃんと黙々と自分の仕事をしているものです。でも、ときどき、自分の仕事や努力に行きづまってしまうことはありますね。

そういうとき、「○○、うぜー」とか「あの人なんかダメだと思う」とか、睡眠中に近い状態で、思わずつぶやいてしまったりする。

そういうのは、「あ、寝言出ちゃいましたね」と、スルーして大丈夫だったりします。

**悪意をちょっと気にしがちな人は、友だちでも知人でも一緒に「その言葉」を見てもらうのがまずはいちばん**です。

さまざまな疲れが重なったり、余裕がなかったりすると、「あ、寝言だよ。気にしなくて大丈夫」というふうにスルーできなかったり、その判断がなかなかできなかったりするから。

もしよろしければ、参考にしてみてください。

# 5
# どんどん運がよくなる「小さなコツ」

――窓を開いて、人生に風を通す方法

# 「本当の自分が見つからないんです」

この悩みについて、考えたことがない人はほぼいないのではないでしょうか？

思春期に差しかかると、早い人は小学生ぐらいのときに「親から求められる自分像」に疑問を抱きはじめます。

「これはお母さんに言われたわけではないし、誰かに褒められるわけではないけど、自主的にやっていきたい」という形で始めたことって、驚異的なスピードで成長したりするでしょう。

もちろん、親からしたら不安なところは出てくる。でも、**「私が本当にやりたいこと」って、その奥底に「反抗」とか「自由」というものへの渇望がある**ような気がするのです。

「本当の自分って何だろう？」

という疑問は、どの世代においても、さまざまなシチュエーションで現れます。

そのひとつのケースとして、キャリアの問題を抱えて「本当の自分って何だろう？」と悩んでいるケース。


社会人になって、仕事も一人前になってきて、社会や組織の中にある「理不尽」についてもだいたいわかってきた。毎日一生懸命生きているけれど、どこか「すり減ってきている」感じもする。だからといって、気分転換してゆっくり回復させる時間や余裕もなく、戦力として前線に出なきゃいけない自分がいる。

そこにふと、何年も連絡をしていなかった学生時代の友人から「今度結婚することになりました」というはがきが届く。そういう日の夜ってきっと「本当の自分って何だろう？」と考えるでしょう。


**本当の自分を探すのって、それぞれの人生の中でもっとも大切なタスクになる**と思います。

でも、「本当の自分を発見しなければいけない！」と、強迫観念的になりすぎるのもちょっとちがう気がするので、もしよろしければ次のアドバイスを聞いてみてください。

まず、「本当の自分」が見つかりづらい人。そういう人は9割以上、

**「(無意識上で)自分のまわりにいる人を『安心させる/喜んでもらう』ために自分のエネルギーを8割以上使って生きている人」**

です。これ、けっこう難しいのですよ。だって、そういう人って立派だからです。みんなを笑顔にできる力があるし、こういう人がいるから困った人が救われるのです。

でも、その笑顔の裏側でとんでもなく疲れていることがあったり、その疲労の感覚を麻痺させて突っ走ったりしている人がいます。

## 定期的に「不良の愉《たの》しみ」を満喫する

「周囲にいる人に安心してもらう。喜んでもらえる」

って、本人にとってみても、ものすごく威力を持った喜びなのです。

でも、そこに自分の力を突っ込みすぎてしまうと、なにかがすり減っていって「自分は何を喜びにして生きているのかわからない」という感覚が襲ってきます。

冷静になってその事実に気づくのが怖くて、そのまま走り抜けようとする人もたくさんいます。そういう方にアドバイスをしてきたのは、

**「自分の周囲にいる人に決して褒められない、場合によっては眉をしかめられることを探してください」**

ということです。これは極端な破壊行動ではなくて、「1人の時間をつくってジャンクなお菓子を食べることかなぁ」とか「ちょっと大きな声では言えませんが、人の悪口をコソコソ言うのが好きです。全然立派な行為じゃないけど」とか。

そういういたずら的な〝不良行為〟って自分をすごく満たしてくれます。

「自分だけの愉しみ」をやるときには、2週間に1回、10分でも「私はこれをやりたくてやるのだ」と、開会宣言を行うようにしてください。

これがですね、よくあるアドバイスとして「1人の時間を楽しむために、きれいなお

花を飾りましょう」なんて言われると、僕なんかは「ん？」ってなっちゃいます（笑）。

いや、本当にそれで満たされるのならばいいけれど、そこに「周囲にすごいとか素敵とか言われること」が入ってこないほうがいいです。むしろ、全然立派じゃないことがいい。

話は飛びますが、恋愛でも友人関係でも親密な関係性を結ぶカギって「全然立派じゃない話を、この人にならできそう」という安心感なのです。

ですから、「ここだけの話なんだけど、私、パンの耳は全部、弟に食べさせてきた」とか、そういう**「小さな悪行」をちゃんと積み重ねてほしい**のです。

「自分だけの愉しみ」を「あー、またやっちゃった……」と罪悪感で終わらせるのではなくて「これは私がしたくてしてます」と胸を張る。

「悪の開会宣言」で1回1回ちゃんと「貴重な時間」にしていく。それだけであなたの雰囲気が変わってくるから。ぜひやってみてください。

# 役に立つアドバイス ——誰の話を聞くべきか

世の中にはいろいろな人の「正しさ」と「アドバイス」にあふれています。

たとえば、ちょっと仕事でもプライベートでも悩んでいることがあって、友だちや先輩に「いやぁ、最近こういうことがあって」と話を聞いてもらったとき。

「いや、そいつとは絶対別れたほうがいいよ！」なんて、いきなり「それしかないでしょ的なアドバイス」をドーン！　と言い渡されると「うっ」て、なることありますよね。

先述のように、世の中って「正しさにあふれている」から、「よかれと思って」親切心でさまざまなアドバイスを受ける機会があります。

一方で、そのアドバイスこそが、人を惑わせる原因となってしまう。

僕自身も、30歳で独立してから、いろいろな人のアドバイスを受けてきました。もちろん中には、今になっても自分を助けてくれているありがたいアドバイスもありましたし、逆に、あるアドバイスを聞き入れてからどんどん変な方向に行ってしまい、あわててもとのやり方に戻して、なんとかうまくいった——ということもありました。

## 〝決めつけ〟に注意

アドバイスを聞くときに、僕がいちばん気をつけていることが**「相手のアドバイスに決めつけが含まれているかどうか」**です。決めつけって何かというと、

「あなたはこうしたほうがいい」

と、誰かが自分の方向性を、言い方は親切であったり柔らかかったりしても、その人の望む方向に強制してしまうことです。

僕も今までもすごく言われてきました（笑）。

「あの人は信用しないほうがいい」って。

でも、それって単なるその人の〝好き嫌い〟であることが多かったです。人間って、嫌いな人間や相性が合わない人も出てくるし、そういう人たちの〝悪いところ〟や〝信用できないところ〟って余計に目につくでしょう？　それでもたとえば、

「あー、あの人ね。ごめんね、私、ちょっとあの人とは気が合わなくて、苦手なんだよね。だから、そういう色づけがあると思った上で聞いてもらいたいんだけど」

と、**自分の立場を明らかにした上でアドバイスをしてくれる人って、けっこう信用していい気がします。**

「俺はほら、ずっと飲み屋の親父だけどさ、こういうお客さんがいて……」などというふうに、自分の立場を明らかにした人のアドバイスって、「そこでしか聞けないレア度と、ありがたみ度」がかなり高いです。

他方、「いや！　あの人は気をつけたほうがいいよ！」って、自分の好き嫌いをあた

かもビジネスの世界のひとつの基準みたいに押しつけてこられるときは、言う側も、言われる側も気をつけたほうがいいです。

「あの人とはつき合わないほうがいい」とかね。

それって確かに正しいです。実際に、その相手から迷惑を受けた経験にもとづいての話でしょう。

人ってどうしても「相性」があって、ある人とのあいだでは悪魔のようにいわれている人が、別の人とのあいだでは天使みたいにいわれているケースって、想像以上に多い。

## 元気をもらえるほうを選ぶ

**今の自分が受け取るべき意見って、ズバリ「自分が元気になったり、よーし！　ってやる気になったりするアドバイス」**だと思います。

たとえ中身はすごく正しくても、その言葉が自分の元気を奪うものだったり、1日たったあとでもなんとなく「モヤモヤ」が残ったりする場合は、あまり相性がよくないアドバイスなのかもしれません。

事後のモヤモヤ感と疲れがどの程度残るかって、人間関係をつくったり、アドバイスを受けたりする上で大切ですよ。

僕自身、すごく貴重なアドバイスのように見えて、なにか胃がスッキリしないような感覚を1日たったあとでも覚えたら、**そのアドバイスをくれた人の顔を思い浮かべて「あのときはありがとう。お大事に」と言います。**

相手が一生懸命私のために差し出してくれたアドバイスは、貴重なものとして認める。でも、そのアドバイスは、今の自分とは合わないところがあった。自分の胃にモヤモヤと残ったものって、アドバイスをくれたその人が、これまでの人生のどこかで抱えてきた「怒りや切なさ」だったんじゃないかなと、僕は感じました。

そのモヤモヤをあなたが背負わないこと。

アドバイスって、スルーすることも大切です。

「この人はこう思っているんだろうけど、それを実行するかどうかは、私の人生だしね」と、原点に戻ることも必要ですよ。

# 「小石を拾う」と運がよくなる

今は「自分の好きなことをして食べていく」という時代のキャンペーンが始まっていますね。その風潮や、世界観に対して僕なりの批判はいっさいありません。

その中で自己PRがうまくてチャンスをつかむ人もいるでしょうし、自分がやってきたことが国境を超えて歓迎される奇跡も起こるかもしれません。

でも、僕は「自己表現」って、半分はPRでも、残りの半分は「愚直」でいいんじゃないかと思っているところがあります。

僕が過去、自分の占いの技術でごはんを食べていこうと決めてやったことが、**「校庭の石を拾う」**という行為でした。「校庭の石を拾う」という話は、いろいろな場所でしてきた自分なりの比喩《ひゆ》です。

もともと走ることが得意じゃない人が速く走るためには、筋トレなどでは限界がある。

それよりも、校庭の石を取り除いて気持ちよく走れる環境を整備していくと、「私も手伝うよ」と手を貸してくれる人が出てきたりするかもしれない――そういう話です。

ちょっと話を戻して、僕が占いでごはんを食べていこうとしたときに、どうしても「自分の存在を大々的にSNSでアピールしていこう」とは思えなかったのです。

どうしてか。

単にそういうPRがうまくない、という理由がひとつ。

その一方で、自分の好きなこと、自分のやりたいことで身を立てようというときって、「自分のことで精一杯で、自分のことしか考えられない」状態になっていると客観的に思ったのです。

その状態でするPRって「見ないと損だよ！」っていう押しつけがましい形になっちゃう。自分を見てほしいし、自分を売り込みたいから。

でも、悲しいかな、世間対自分って、自分は他人なのです。そりゃそうでしょう。みんな忙しいわけだし、自分がすごく得する話だったり、特別おもしろい他人だったりしなければ、人って他人に関心を抱かない。

その「無関心」に対して、無理に振り向かせようとするのは、僕の場合は少しちがうと思ったのです。

では、どうしたらいいと思ったか。それが「校庭の石を拾う」ということでした。

自分の宣伝はある程度あきらめる。でも、そのぶんの労力を、ちがうことに使っていくということです。

## 空気を軽くする「たった1つの行動」

「校庭の石を拾う」って、僕がフリーターの時代からやってきた「その場の運気を上げる」究極の奥義みたいなものです。めちゃくちゃ地味なんですけどね。

僕がファミレスでアルバイトをしていたときのこと。仕事が終わって、お店を閉めて帰ろうとしたとき、控室に「誰かが飲みっぱなしで置いていったコップ」があった。

別に自分で飲んだわけじゃないから翌日まで放っておけばいいですよね。でも、そのコップを片づけることによって、ちょっとその場が「気持ちよく」なります。置いていかれたコップって、怨念を放っているから（笑）。「飲んだら、飲みっぱなしかよ」って言って。

そうやってコップが放つドヨーンとしていた空気が、コップを片づけることによって、ちょっと軽くなります。

**「その場の空気が少し軽くなる」というのは、まさに「運気が上がる」ことの本質**だと考えています。

運がいい人がそばにいると「じゃ、やっちゃうか」なんて、空気の軽さを感じて、なんでもできそうな気がしてしまう。

校庭の石を拾うことって、そういうことなのです。自分の半径5メートルを見渡してみて、ひとつひとつできることで空気を軽くしてみる。

電車の中でお年寄りに席をゆずったり、エレベーターに乗ってきた人に「何階ですか?」と声をかけて押してあげたり（エレベーターは、プライバシーに注意。特に相手が女性の場合は、防犯上の心配もあります。そういう場合は聞かないほうがいいかもしれません）。

ふたたび話を戻しましょう。

そういう作業をくり返していると不思議なことに、大した個性もおもしろさもない自分でも、「この人に会うと楽になる」とか「楽しい」と思ってもらえるんじゃないか。

余裕がないときは「自分のことしか頭にない」状態になります。それはしようがない。

でも、あえてそういうときこそ、**列の最後尾に行ってみる。**

それでいちばん「軽い」立場になってみて（反対に「俺を誰だと思っているんだ」という人は「重い」人）、「今日はどうもありがとうございました。あのお茶菓子ってわざわざ買っていただいたんですか？」って、**相手がしてくれた労力に対してちゃんと気づく。**

それは、「俺かわいい人」にはできないんです。「俺かわいい人」って、その人のまわりの重力が重くなっていっちゃいます。そして、まわりが腫れものに触るようにビクビクして接してしまう。

**半径5メートルの空気をだんだん軽くしていく。**

その習慣って、恐ろしいくらいに効力を発揮します。

もしよかったら試してみてください。

# 「住めば運がよくなる街」ってありますか

僕のまわりにはけっこう「そういうことに感度が鋭い人」がいて、「今どこに住んでいるんですか？」と聞かれることが多くあります。

それで、「〇〇区の△△です」と答えますよね。すると、勘がいい人から「そこは引っ越したほうがいい場所かも」と言われるところなんです（笑）。

僕はめちゃくちゃ気に入っているし、何年も住んでいて悪いことはひとつも起きたことがないし、むしろ、仕事でも多方面でいい福を授かったと思っています。

住む場所ってすごくデリケートな問題です。たとえば、ある場所に引っ越して仕事が以前よりもうまくいかなくなってきたり、プライベートでも問題が多発したり、ネガティブなことばかり起きたら、やっぱり1回は「この土地がよくなかったのかも……」と思うかもしれません。

その一方で、占いをやっていると「この土地に引っ越してから、仕事もプライベートもすごくうまくいっています」という人にも出会うのです。

## 結局、「いい土地」とは何か

僕が思ういい土地って、少なくとも3種類ぐらいあると思います。

### 1　安心して「ただいまー」と帰っていける土地

地元感を感じられる場所というか、「変わらない自分でいられる場所」です。たとえば「駅前にある定食屋さんが、実家の町の雰囲気と似ているんだよな」とか、そういうことを感じられる場所。

ただ、この場合「職場が繁華街にあったりして、とてもせわしない」とか、オンオフでギャップがあるとなおよし。オフのときの「落ち着ける場所」が望ましいです。

## 2 自分の「好き」が近くにあるもの

あなたが「食べることが好き」だったら、飲食街の近くに住む。「家で調理をするのが好き」だったら、近くにいい八百屋《やおや》さんがある街にする。「そんなの当たり前じゃん」と言われるかもしれませんが、ここに無頓着な人ってけっこういます。

「私の人生は、平凡よりも華やかなものにしたい」という美学を持っている人だったら、どうでしょう。派手な店主が営むお花屋さんが近所にあったりすると、相乗効果が上がります。

**自分の好きを発見したいときには、引っ越す前にそのエリアを散策してみて、**

◇興奮系の「あー!」があるか（「あー! こんな素敵なお店がある!」という絶叫）

◇「あー、いいなぁ」とつぶやいてしまう、しみじみ系の「あー」があるか（近くに幼稚園があって子どもがかわいい。私、子どもが好きだから癒やされるなぁ）

この興奮系の「あー！」と、しみじみ系の「あー」が2つそろっている場所は、すごくいいところです。

**3　その土地にある神社や仏閣にお参りをする**

3はちょっと番外編。神社や仏閣、あとは「山」や「聖地」には「目に見えない力」がありますね。一般的に「その人の背中のほうにいて護《まも》ってくれる」というイメージです。

でも、それ以外にも、自分を護ってくれるものって、家やお店にいることが多いのです。だから、神社に行ってお祓《はら》いをするときって、住所を言うでしょう？「〇〇から来た△△と言います」って。

**自分の出生地や今住んでいる場所は、その人にとっての重要なパワースポットのひとつ**です。だから、引っ越してきたときや縁あって通いはじめた場所があったら、そこに古くから存在し、土地の人々を見守ってきてくれた神社や仏閣に手を合わせることって、想像以上に大事だったりします。

**生きている人でも、それ以外の存在でも「誰かに気にかけてもらっている」って、けっこうその人を護ってくれる**んですよ。「元気か？」って気にかけてもらえるのと、そういう存在がいないときって、かなり心強さが違う。

そして、気にかけてもらうためには、こちらからあいさつをしたほうがいいのです。そこは、たとえ土地であっても、生きている人間と一緒です。

たとえば、いつも行くお店のご主人に「いつもどうも～。毎度～」って声をかけられるとするじゃないですか。そのうち、「今度の休みはどこに行くの？　あ、スキー？　気をつけてね～」と言われたりします。その言葉や想いが「護ってくれるもの」なのです。

## 「よいもの同士」が共鳴する

そこに住む人の「想い」って、すごく家に影響を与えます。

毎日、部屋の片隅でため息をついていると、その一角がだんだんくすんでくるような印象があります。

その逆に、ホテルなど、泊まる部屋の四隅で手を叩いてお祓いをするといい、という話を聞いたことがあるでしょう。どことなくよどんでいる場所って、拍手の音が湿っています。でも、何回か叩いてみて、その音がかなり気持ちよく「パーン！」と鳴り出したら、いい空気になってきたということなのです。

もうひとつ、自分の家や部屋に力を呼び込んでいくための方法をご紹介します。これは「そこに住む人の想いが、家に影響を与える」ということと大きく関係します。

「私は〇〇で生きていくんだ」

と宣言してほしいのです。極端な話、「私は無職で生きていくんだ」という宣言でもいいのです。その「〇〇」に入るものごとは、今やっていることならなんでもよくて、要はその宣言が明るければOK。

**いいモノは、いい音や、いい響きに引き寄せられて、共鳴します。**

今、なんらかの事情で「暗い自分」になってしまっているときは、その人から発せられている音が「シーン」としているのです。

僕は過度のポジティブを推奨する人間ではないから、「ずっと明るくなければいけない」なんて暴論は吐きません。

でも、暗い中にいても「私は○○で生きていくんだ」という宣言を、家の中や外の神社、お寺などで手を合わせながら宣言すること。いつも決まった場所から見るお月さまに言ってもいいです。


「いい土地は、畑を育てるように、自分たちでもつくっていくことができる」

というのが、僕の土地に関する考え方の基本です。

もちろん、昔からいわくつきの土地であったり、どうしても気持ち悪さがぬぐえなかったりする場所は確かに存在します。そういう場所はちょっと別ですが。

宣言って**「自分で自分を護る音を出す」**ことです。
ちなみに「絶対に結婚するぞ」など、目標に向かって宣言することは、最初はやめたほうがいいでしょう。まずは「私が今持っているもので生きていく」のが大切。そこからしっかり根が伸びていきます。

# 天職を見つける「いちばん簡単な方法」

突然ですが、僕は今の占いの仕事に就いていなかったり、また、「将来やり続ける見込み」を感じられなくなったりしたら、おそらく「料理の道」を職業として選ぶだろうと思っています。

僕は料理をつくるのが趣味なのですが、自分でつくっていて塩加減をまちがえたりしたときにめちゃくちゃ腹が立って、落ち込んだりします。もっというと、そんな自分が「許せない」のです。

ときどき友人を招いてごはん会を開催したりするのですが、つくった本人として「あれ、この料理は完成度が80%ぐらいだ」と思うともう、みんなが帰ったあとにレシピや作り方を反省せずにはいられない。みんなは「おいしいよ」と言ってくれたのに、「いや、それは社交辞令だ」と決めつける(笑)。面倒くさいんですよ、そこだけ。

だから、**趣味なのに「楽しい」が70%ぐらいで、「苦しい」が30%ぐらいある**のです。

でも、なにかを職業にする上で、この「許せない」と感じられるかどうかって、すごく大事だと思うのです。

## 「許せない」という大事な感覚

もちろん、僕は趣味で料理をやっているだけで、プロの料理人になったときに味わう苦労や大変さは知りません。

でも、今の占いの仕事もそうなのですが、「このままの形で原稿を出すわけにはいかないな。このクオリティで出してしまったら、自分の美学が許さない」などという「許さない」という感情が出てくることは、自分にとって天職になるんじゃないか。

たとえば「待ち合わせで人が遅れてくるのがどうしても許せん」と思う人って、時間管理の仕事やリーダーとしてみんなを管理する仕事で、その才能を十分に活かしていくことができると思うのです。

これは僕の意見なのですが、収入を得る手段としての仕事、そして、まわりの人に影響を与える仕事の場合、「好き」だけで続けていくことは難しいでしょう。

たとえば、僕はおはぎやケーキが大好きですが、それだけでは「みんなが買いにくるおはぎやケーキ」をつくるのは難しい。

でも、「おはぎの大きさはこれじゃなきゃ許せない」「ケーキはただ甘いだけのものじゃない」と、そこに〝許せない〟という美学が加われば、それは単なる「作業」ではなくなってくる。単なるおはぎやケーキでは、すまされなくなっていく可能性が高いのです。

自分の仕事を「好きかどうか」だけで見つけようとすると、迷路にはまっていく可能性もあります。そういうとき、**毎日の生活の中で「自分は何を許せないと思うか」をもう一度確認してもらいたい**のです。

いろいろなことに対して、この「許せない」は、大事な判断基準になります。

## その道のプロが持つ「2つの味」

その上でもちろん、「好き」もとても大切ですよ。

僕が好きな音楽家の星野源さんが、ギターに出会ったときの話をされていました。

当時、ギターのコードもあまりわからなかったけれど、毎日そのギターを抱きかかえるようにして一緒に生活していたのだそうです。

自分にとっての「かけがえのないもの」として、ギターに触れる時間が生活の第一優先になる――そういう素敵な出会いって、人生でいつ起こるかわかりません。

「好き」が強く出てくると、今度はだんだんと「こんなんじゃ許せない」という気持ちもわいてくる。

僕は、**「プロ」というのは、「好き」と「(こんなんじゃ) 許せない」の2つの味を持っているの**ではないかと思うのです。

「好き」が見えなくなったとき、「許せない」があるから乗り切れることがあります。

逆に「許せない」という思いが強くなりすぎてしまったときは、「あ、そういえばどんなに稚拙《ちせつ》でも、私は文章を書くのが好きだったんだ」と、「好き」に助けられることもある。

自分の天職は「許せない」、そして「好き」という気持ちの中で育てられていくんじゃないかと僕は考えています。

# 「知ったこっちゃない」を口グセにする

「いや、あなたカッコつけているでしょ」と言われてしまうかもしれないのですが、僕自身「悩み」とはそんなに深くおつき合いしたことがないように思います。

つまり、自分自身について、そこまで深く悩んだことがないのです。

もちろん僕にだって眠れない夜はあります。「この問題がいつまで続くんだろう」と考えたこともありますし、個人鑑定をしていたときには全然お客さんの予約がない月もありました。そういうときに、人は悩むのだと思います。

でもそこで「悩みが深くなっていく」、さらに「悩みが本人に深刻なダメージを与えていく」ときのキーワードがあります。それは、

「こんなはずじゃなかった」

というせりふです。

占いの仕事をやってきて全然お客さんの予約がないときに「こんなはずじゃなかった」

と言ってしまったとしたら、もしかしたら立ち直れないぐらいのダメージを受けたかもしれないです。

でも、僕の悩みがそこまで深刻に内在化しなかった理由として「こんなはずじゃなかった」と、おそらく生きてきて1回も思ったことがなかったからです。

◇眠れない夜がある　↓まぁ、あるよね。それだけ好きだったわけだし

◇「この問題はいつまで続くんだろう」　↓続くしかないだろう

◇お客さんが来ない　↓まぁ、商売ってそういうもんだよね

このように感じたことしかなかったのです。

でも、多くの悩み相談に接したときに、そんなことを考えている僕のほうがかなり特殊な生き方をしているのだと気づきました。

うまくいかないことがあったときに、なぜ多くの人が「こんなはずじゃなかった」と、深刻に自分のダメージにしてしまうのでしょうか。

# 理想は、他人から押しつけられるものでもある

**現実に対して「理想」が高い人ほど、もちろん成長できるし、今の自分の状況を変えていくことができます。**でも、その反面「ダメージを負うことも多い」のも事実です。

自分が自分に対して定めた「理想」だったら、挫折やうまくいかないことも糧にして踏んばれます。問題なのは**「他人から押しつけられた理想」**です。

「あなただったらもっとできる」
「あなたはそんな人だとは思わなかった」
「君には失望した」

ここに挙げた3つのせりふというのは、なかなか危険です。

だって、その「理想」は自分でつくったものじゃないからです。他人が勝手にコントロールしやすいように、自分の希望をかなえてもらうために、そして、便利だからという理由で「あなたはこういう人だよ」と決めつけたことだから。

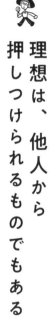

「あなたならもっとできる」ということを他人の都合で押しつけられてきた人。
もしくは死に物狂いで「他人に認められる結果を出さなければいけない」と自分に課してきた人は、人生のどこかで「こんなはずじゃなかった」という言葉とともに、悩みのダメージを受けてしまう気がするのです。

## 自分は自分、他人は他人

だから、「こんなはずじゃなかった」と言って激しく凹《へこ》んだことがある人に覚えておいてほしいせりふがあります。それは、

「知ったこっちゃない」

です。普段からこの言葉を言う訓練をしていてほしいのです。
はじめは言いづらいです。そして、もちろんすべての場面で言う必要もありません。

でも、ちょっとふざけながら「いやぁ、知ったこっちゃないですねぇ」と、細かくつぶやいていると、けっこう「自分の上機嫌」が保たれたりするのです。

世の中がどんな状況だろうと、今の自分にどんなプレッシャーがかかっていようと、パフォーマンスを発揮しなきゃいけない状態だろうと、**1日24時間すべてを他人に渡しちゃいけないです。**

1日1回、20分でも「いやぁ、知ったこっちゃないですねぇ」と言って、お茶をすすり、お団子を食べながらまったりする時間を持つ。

これで変な他人からの理想の押しつけや、「あなたにはこうあってほしい」とか「そんなこともできなければ、これから先は大変なことになるよ」と脅してくる人から自分を守ることができます。

知ったこっちゃないです。**自分は自分。そして他人は他人。**

このせりふは、きちんと心の中で吐けるようになっていてくださいませ。

# 苦手意識の中に、大きな夢の可能性がある

占いをやっていて、とても多い質問が「夢をかなえるために、どうやって向かえばいいのか？」だったりします。

たとえば、「今、自分がやっている仕事をいずれは辞めて、小さいころの夢だったパン屋さんを開きたい」というケース。

または「ある人の生き方に影響を受けたり、本を読んだり、感化されたりして『こういう生き方がしたい』と目が覚める」ようなケース。

ただ、実際に多くの人を見てきて思うのが、「はじめはそれが、自分の夢だとは思わなかった」というケースが、とても多いのです。

**夢って全部がキラキラしているわけじゃない**です。

だから、夢に出会うために「私のやりたいことを見つけなきゃ！」と、熱心に掘り進めなくてもいいんじゃないでしょうか。

それよりも、偶然見つかる夢や可能性のほうが多いんじゃないかと、占いをやっている人間としては思ってしまうのです。

「その人の人生がいい意味で、予想もしていなかった方向に動いていくとき」のきっかけって、**「これは絶対にやりたくない」という、苦手意識の壁を破ったときにやってくることもすごく多い**です。

## その先にある新しい可能性

「チャンス」や「運命」と呼ばれているものは、もちろん「キラキラとした姿」でやってくることもありますが、どちらかというと、自分の苦手意識に直結するような、「黒い塊」のような形をしていることも多いのです(笑)。

ほら、なんていうか、映画なんかでも主人公が「このタイプだけは苦手」と思える人に勇気を出して話しかけてみたら、今までの自分が知らなかった世界にストーリーがつながっていく——なんてことがあるでしょう?

**「苦手」「絶対に嫌」と思うことって、実は「まだ自分の中に開けていないチャンスの扉がある」証拠**なのです。

ただ、ここで言いたいのは「じゃあ、私が苦手でコンプレックスにしていることを積極的にやったらいいんですね!」という話ではないです。

たとえば、朝起きるのが苦手な人が、1カ月間自主的に朝5時に起きるトレーニングをする。それはもちろん立派です。

でも、それは挫折する可能性が高いし、それだけの労力を課しても「新しい運命に出会う」ことにはつながらないでしょう。

では、「新しい運命に出会う」というのはどういうケースでしょうか。

たとえば、自分は朝早く起きるのが苦手なんだけど、新しくつき合う人の都合で「どうしても朝早く起きなければいけなくなった」とか、尊敬している先輩が「私は朝早く起きて仕事をすませちゃったほうがいい結果を出しやすいんだよね」と言っていて、心が揺れたようなケース。

つまり、厳密には「やらなくていい」かもしれないけど、そこに「まぁ、せっかくだしこれを機会にやってみるか」と乗っかれる人が、新しい運命に出会う人なのです。

**どんな世界でも達人とされている人の「その世界に入った動機」って、けっこうあっけなかったりします。**「他にやることがなかった」とか「友だちが勝手に応募しちゃった」とか。最初は乗り気じゃないけど、「せっかくだから」と自分なりに考え、どんどん煮詰めていくような人が「新しい運命」に出会っていく可能性が高い。

だから、夢に出会うこと、自分にとっての新しい運命に出会うことって、「すぐそこにある苦手意識」の中に潜んでいる場合がとても多いのです。

くり返しになりますが、「苦手意識」があるものを、強制的にやっていく必要はありません。

# 「ピンチはチャンス」の本当の意味

今度、「ある特定の道を究《きわ》めたプロ」の知り合いに聞いてみたいと思っていることがあります。それは、

「自分だけの道を歩もうとしたときに、技術の習得などにおいて、まわりのすべてが参考にならなくなってしまう時期がありませんでしたか？」

ということです。

たとえば、メンターや師匠など、考え方のお手本のような人にめぐり会えるのは幸せなことですね。でも、すごく不思議なことに、自分がなにかの道で本当に独立をしなければいけないときや、自分にしか出せない実績を出していくときって、

「あ、これはもう自分でなんとかするしかない」

と、ギリギリのところまで追い込まれていくタイミングがあるのです。

その際、メンターと仰いでいた人となぜか距離ができたり、考え方の参考にならない事態が出てきたりする。相手がすごく忙しくなってなかなか会う機会がなくなっちゃうとかですね。

精神的に追い詰められたほうがいいとか、「大事なことは自分ひとりでなんとかしなきゃダメ」とか、そんな根性論を言いたいわけではないのです。

ただ、これも経験論なのですが、**なんらかのプロフェッショナルとして信用され、ごはんを食べていくためには、その人固有の「試練」みたいなものがあったりします。**

「あ、これはもう誰も参考にならない」

という時期が「自分のやり方を持ってプロになった人」にはあります。

## 「自分でやっていくしかない」という直感

「ピンチはチャンス」

という言葉は、やっぱり現実的にあるよなぁ、と。

もちろん、普通に生活をしていてピンチに出会いたい人なんてあんまりいないです。

でも、なんらかの挑戦をする際に、ピンチを避けて通ることはできなかったりする。

あなたにメンターがいれば相談ができるし、親友なり先輩なり、影響を受けている人がいたら、その人の経験談を聞くことができる。

でも、なぜかそれが通用しない事態が出てきたりするのです。

ただ、それはけっして悲観的なことだけじゃありません。**「あ、これは自分でなんとかしていかなければいけないみたい」と、ちょっと「ニヤッ」と笑ってしまうような人ほど、ピンチをチャンスに変えてしまったりする。**

直感って、まわりの人が言う難易度や常識ではなくて、自分で「あれ、これってもしかして大変そうだけど、おもしろくなりそうなんじゃないの？」とニヤッとしてしまう場面で訪れたりします。

## ピンチを味方につけるために

世の中にあるチャンスには2種類あって、ひとつは「誰かの手によってつくってもらったチャンス」です。これは、いわゆる先輩や上司、自分よりも経験値がある人が、自分のためにつくってくれた機会です。

もうひとつ、自分にとって大きな実績になりうるチャンスというのは「え、どうしよう」とつぶやいてしまうチャンスです。

このチャンスって、**ピンチという形を通してやってくることがとても多い**です。今までの自分が知っているやり方では、この壁を突破できるかどうかわからなくなる。

そういうとき、まじめな人ほど「実力的に、経験的に、この問題を解決できない自分」に対して凹んでしまいます。

でも、くり返しになりますが、「え、どうしよう」と思わずつぶやいてしまうような事態こそ、「自分の道」をつくる最大のチャンスだったりするのです。

そんな事態に出会ったら、既存の誰かの言葉や本、人、そういうところから「学ぼう」とする姿勢はまず捨ててみちゃう。それは「安心感」を見出したいだけだから。

それよりも腹をくくって、

**「あ、また新しいことを学んでいける」**

と思ってほしいのです。

人には「プライドという鎧」があります。

プライドの鎧が強い人ほど、「自分のこれまでの形」のままで、本などから学ぼうとする。その鎧を着たままで、新しい装飾品を身につけようとするのです。

個人的な話をすると、僕はいろいろな場面で「え、どうしよう」と言っています。

そう、ピンチの場面ってけっこう多い。

でも、そのときプルプル震えながら「あ、また新しいことを学んでいける」と言っています。そうすると、ピンチは敵ではなくなるから。

敵にしてしまうと「自分のプライドやこれまでの実績を傷つけようとしてくる邪魔者」として相手をあつかっちゃう。だからまず、敵にしない。

精神論かもしれないのですが、ピンチやチャンスは「うっ」となっても、「新しいことを学んでいく」とか「新しい景色を見ていくきっかけだ」と思ってみてください。

それは、「キラキラ輝くポジティブを持ちましょう」ということではありません。**ものごとと真剣に向き合う際には、「邪魔者」や「敵」として相手を決めつけちゃいけないことがある**から。

敵にすると「こんなの大したことない」と過小評価しちゃうこともありますし。

プルプル震えながら「あ、また新しいことを学んでいける」とつぶやいてみてください。

# おわりに

## 「0・8くらいの運」を大切に

10代のころから、僕にとって本を読む時間は特別でした。

大型の書店に出かけて、バラエティ豊かな本を眺める時間は、まるで遠足のように興奮するし、その街に古くからある書店へ行ってみて、「え、これおもしろそう」と感じた本を手に取る時間も大好きです。

そうそう、僕には2つ年上の兄がいて、旅行や出張が多いのです。その兄が「新幹線が来るまでの3分間に、駅にある本屋さんで目が合った本を1冊買う」と言っていました。

そう教わってやってみたのですが「あと少しで新幹線が来る3分」というリミットで選ぶ本は、普段の自分が選ぶ本とはちがうのです。

これは今でも続けている「旅行のお供」です。

本を読む時間とは何なのでしょうか。現実生活から、違う世界へ行く時間なのか。自分とはちがう世界の人（著者や、その本の登場人物）の存在を感じて、その息づかいを体験することなのか。

それとも、シンプルに役に立つ思考や感性を学ぶことなのか。

その定義は人によってちがうと思うのですが、僕にとって本を読む時間は「偉大なる空白」のための時間なのです。

現実世界に所属する自分は、自分がかかわる現実を進めていかなければいけない。でも、本を読むときは「現実の自分」から離れて、優秀な外科医になったり、お笑いの真髄を知ったような気持ちになったり、今から50年前にあった下町の情緒の中に身を置いたりできる。

現実に対して少しのあいだだけ「さようなら」と「ただいま」ができる特別な時間は、

今のところ僕にとっては読書だけなのです。

さて、あらためて『しいたけ．の小さな開運BOOK』を読んでいただき、ありがとうございました。

負け惜しみに聞こえるかもしれないのですが、僕は今までの人生で「0・8ぐらいの運」を大切にしてきました。「0・8ぐらいの運」というのは、1に届かない、つまり、そのときの努力や実力では結果に届かなかった運のことです。

みんなが納得するパフォーマンスを出すこと、テストの点数や資格試験などで合格ラインに到達するような数値を叩き出すこと。それが「1」だとしたら、「0・8」というのは表彰台には上がれなくても、「あいつ、おもしろいよね」とまわりからいわれるような、上質の「参加賞」みたいなものです。

おもしろいことに、占いを通して人と接してみても、長く自分の実力を伸ばし続ける人というのは、「上質な参加賞としての、0・8の運」を出してきた人が多い気がします。本命には選ばれないこともあった。でも、会場の外で声をかけられた人のほうが、もっと自分の人生を「予測もつかないような場所へ」と連れていってくれたりもした。

そういうことって長い人生の中に、思ったよりもたくさんあるのかもしれません。

もし、今の自分が「1」に満たないと考える人も、勝ちよりも負けが多かった人も、「1」に届かなかった時間も、集中も、踏ん張りも、僕は大事だと思います。

そして、もっと自分との真剣勝負で勝っていきたい人も、「1」には満たなかった0・1から0・9までの運を大切にしてほしいと願い、この本を書きました。

この本が、みなさまの生活の中で、なんらかの役に立ってくれたらうれしいです。


最近はいろいろと大変で、非日常的な時間が長く続いた年でした。

ここからまた、少しずつ気持ちを取り戻していきながら、コツコツと自分のやるべきことを続け、そしてまた、多くの人と会いたいです。心から。

2021年　梅から桜へと開花が移るころに。

しいたけ．

本書は「しいたけ.公式サイト」の
有料コラムを加筆・修正したものに、
大幅に書き下ろしを加えて再構成しました。

イラスト　100% ORANGE

# しいたけ.の
# 小さな開運BOOK

2021年5月25日　第1刷発行
2021年6月8日　第2刷発行

著者　しいたけ.

発行者　鉄尾周一

発行所　株式会社マガジンハウス
〒104-8003　東京都中央区銀座3-13-10
書籍編集部　☎03-3545-7030
受注センター　☎049-275-1811

印刷・製本所　中央精版印刷株式会社

ブックデザイン　辻中浩一＋村松亨修（ウフ）


ISBN978-4-8387-3151-0 C0076



マガジンハウスのホームページ　https://magazineworld.jp/